Arda Erel
Konuşamadığımız Ne Varsa

Konuşamadığımız Ne Varsa / *Arda Erel*

© *2021*, İnkılâp Kitabevi Yayın Sanayi ve Ticaret AŞ

Yayıncı ve Matbaa Sertifika No: 44066

Bu kitabın her türlü yayın hakları Fikir ve Sanat Eserleri Yasası gereğince İnkılâp Kitabevi'ne aittir. Tüm hakları saklıdır. Tanıtım için yapılacak kısa alıntılar dışında, yayıncının izni alınmaksızın, hiçbir şekilde kopyalanamaz, çoğaltılamaz, yayımlanamaz ve dağıtılamaz.

Editör Emre Kalcı
Yayıma hazırlayan Ezgi Hotalak Adalı
Kapak tasarım Gilas Coşkun
Sayfa tasarım Şevval Ulusoy

ISBN: 978-975-10-4192-0

21 22   5 4 3 2 1
İstanbul, 2021

Baskı ve Cilt
İnkılâp Kitabevi Yayın Sanayi ve Ticaret AŞ
Çobançeşme Mah. Sanayi Cad. Altay Sk. No. 8
34196 Yenibosna – İstanbul
Tel : (0212) 496 11 11 (Pbx)

İNKILÂP **Kitabevi Yayın Sanayi ve Ticaret AŞ**
Çobançeşme Mah. Sanayi Cad. Altay Sk. No. 8
34196 Yenibosna – İstanbul
Tel   : (0212) 496 11 11 (Pbx)
Faks : (0212) 496 11 12
posta@inkilap.com
inkilap.com

Arda Erel
Konuşamadığımız Ne Varsa

Aşk ve Toplum Üzerine Denemeler

Arda Erel

Arda Erel, 1995 tarihinde İstanbul'da doğdu. İstanbul Bilgi Üniversitesi'nden mezun oldu. Psikoloji, toplumbilim ve felsefeyle ilgilenen Erel'in sırasıyla *Senin İçin* (2016), *Arayış* (2017), *Kendine İyi Bak* (2018), ilk psikolojik romanı *Sarsıntı* (2019), ikinci romanı *Yüz Yüze* (2020) yayımlandı. Yazarın eserleri hem Türkiye'de hem de Avrupa'da çok satanlar listelerine girdi.

Arda Erel, Galatasaray Üniversitesi'nde, sosyoloji alanında yüksek lisans eğitimine devam etmektedir.

Anne,
sen bana sadece konuşmayı öğretmedin,
ona izin de verdin.
Ve dilediğince yüzebildi kelimeler...

İÇİNDEKİLER

Aşk Hangi Dilde Konuşur? •9

Toplum ve Siyah Beyaz Kelimeler •87

Sözcükler Yan Yana Gelince •139

Zamanın İçinden Yazılar •199

Aşk Hangi Dilde Konuşur?

Aşk binlerce yıl boyunca yaşandı, yazıldı, çizildi, konuşuldu, tanımlandı; neyin aşk olup neyin aşk olmadığı hakkında kararlar verildi. Kimi zaman kutsandı, kimi zaman tehlikeli bulundu; ondan azılı bir düşmanmış, çocukların başına gelmesinden korkulan en hazin hastalıkmış gibi korkuldu. Aşk, "sevgi" ile yan yana var oldu Türkçenin içinde. Bazen "hoşlantı" eşlik etti aşkın doğumuna, henüz "aşk" mertebesine ulaşamayan iki insanın hikâyesinden bahsedebilmek için. Dil, daima bir hiyerarşi çizdi aşka, onu insanları sınıflandırdığı gibi sınıflandırdı; kimini aşağıya, kimini ortaya, kimini de yukarıya, en tepeye yerleştirdi.

Örneğin, İngilizcede "fall in love" diye yazıldı âşık olmak, insanların aşka düşebileceği uygun bulundu. Türkçede kimse aşka düşmedi, aşka bürünerek aşkın bir tarafı oldu sevenler.

Aşkın var oluşundan bugüne, iki kişinin arasına, imparatorluklar, padişahlar, aileler, yakın arkadaşlar, siyasetçiler, hukukçular, felsefeciler, faşist iktidarlar, kabileler, farklı kültürel dinamiklere sahip toplumlar, dini liderler, harem ağaları, yazarlar, sanatçılar, psikologlar, uzun sürgünler, farklı diller, siyah beyaz kelimeler ve rüyalar girdi. Konu "aşk" olduğunda hiçbir zaman iki kişi baş başa olmadı; olamadı. Dünyanın gidişatı ve kanunları, aşkın yaşandığı dönem hangisi olursa olsun, âşıkların her zaman yakasındaydı. Âşıklar kafalarını çevirdikleri her yerde bir "engel" gördüler. Her zaman bir engele takıldı ayakları. Dünya kötüye gittikçe aşk da bundan etkilendi ama hep bir kalkan buldu kendine. Zor zamanlar âşıkları kenetledi, bir araya gelmek hevesiyle sorunlarla savaştırdı. Normlar, yasaklar, günahlar, cezalar yıldırmadı aşkı.

Tarihte savaşların ortasında bile aşkın rüyasına dalanlar, aşkı kendisiyle Tanrı arasında bulanlar, yetenekleriyle kendisine aşk kuranlar oldu... Sayısız aşk yaşandı bugüne kadar, farklı renklerde, tonlarda, seslerde... Şüphesiz bugünde yaşanıyor ve ileride de yaşanacak. Çünkü aşk hep devinim halinde, zaten böyle kadim bir şeyin yok olması mümkün olabilir mi? O her zaman ortaya çıkmak için bir sahne bulur kendine.

Peki aşk, bu kadar çok faktörün etkisi altındaysa, İtalyan sosyolog Alberoni'nin dediği gibi "âşık olma iki kişiye dayalı kolektif bir hareketin başlangıç evresiyse", âşıklar hangi dilin etkisi altındadır, hangi dilde konuşurlar? Meydan okuyucu bir dil mi kullanırlar? Kimdir muhatapları? Birbirleri mi? Toplum mu? İktidar mı? Dünyanın geri kalanı mı?

Her şeyin olduğu gibi aşkın da bir tarihçesi var. O tarihçeyi incelediğimde de, postmodern ve post truth kelimeleriyle anılan çağımıza bakarken de, aşkı siyasetten, sosyolojiden, günlük hayatın telaşından ve yaşantısından bağımsız, özgürleşmiş, korunmuş, yalın hâlde göremiyorum. Aşk, özgürleşebilen, korunabilen ve yalın olabilen bir şey midir ya da olabilir mi; bunu da sormakta fayda var diye düşünüyorum. Çünkü aşkı, iki kişinin arasında birçok gel gitle hareketlenen, kimi zaman sakin kimi zaman bir savaş alanıymış gibi algılıyorum.

Aşk, günlük hayatın getirdikleriyle daima çarpışarak, ara ara siyasetle buluşarak, bazen ondan tokat yiyerek, kimi zaman da psikologların ellerine bırakılarak ve onların "sağlıklı" söylemlerine uymaya çalışarak kendine bu dünyada bir yer bulmaya, ayakta durmaya çalışıyor. Bilhassa "ayakta durmak" dedim çünkü aşkı, günümüz dünyasında gezindiği zeminin çokça kaygan ve teknolojiyle iç içe geçtiğini de düşünerek nereye gideceğini, başına neler geleceğini bilemeyen bir duygu olarak görüyorum. Kimilerinin söylediği gibi, nasıl felsefe her şeye rağmen ayakta durmaya çalışıp direniyorsa, aşk da günümüzde kendine iki kişinin arasında yer bulmaya çalışıyor. Ancak aşkın konuştuğu dil, ne psikologların tanımladığı gibi sadece çocukluğa ait, ne de sosyologların inandığı gibi sadece topluma dair. Aşkın dili, bugün hiç olmadığı kadar evrensel, hiç olmadığı kadar teknolojinin etkisinde ve hiç olmadığı kadar küresel. Bu yüzden aşkın hangi dilde konuştuğunu anlayabilmek için, dünyanın nerede olduğunu veya nereye doğru gittiğini de düşünmemiz gerek.

Aşk, eğer iki kişinin kelimelerini birbiriyle değiş tokuş etmesiyse, kelimeler üzerinden "anlaşma" ihtiyacıysa, herkes kendi kelimelerini tek tek ayıklamalı, sözcüklerden soyunup onların anlamlarına bakmalı, eğer varsa içinde birikmiş kirleri berrak bir suda yıkamalıdır. Keza kelimeler de insanlar gibi yıkanıp temizlenmeye ihtiyaç duyarlar. Aşkı tanımlarken, âşık olduğumuz insana seslenirken, hangi kelimeleri yan yana getirdiğimizi kendimize göstermemiz bu yüzden şarttır.

İçinde olduğumuz dünya yeni bir dilde konuşuyor.

Biz de bu dünyanın içinde yaşıyorsak, aşkın hangi dilde konuştuğunu bilmemiz, en az aşkın kendisi kadar önemli.

İNSAN KAÇ KERE âşık olur? Nasıl başlarız saymaya? Nerede durdururuz saymayı? Toplumda, "İnsan bir kere âşık olur," diye aşka dair genel bir inanç var. Aslında ben bu inancın Doğu ve Batı toplumlarında farklı ilerlediğine inanıyorum ama içinde yaşadığım toplumun bakışı da çok ilgimi çekiyor. Çünkü Türkiye'de, bir kez âşık olursanız, ölürsünüz, bitersiniz, her şey mahvolur algısı yaygın. Hele "âşığım" dediyseniz, bu duruma gelmeniz sizden özellikle beklenir. Arabesk müzik, melankoli hâli, sürekli huzursuzluk, sürekli rüyalar...
Peki, aşk her zaman mahveden bir şey olmak zorunda mıdır, yok mudur bunun bir dengesi? Eğer mahvolmazsanız, "âşıklar" kategorisinden dışlanır mısınız? Daha tertipli, daha dengede yaşıyorsanız mesela? O zaman "âşık olmuş" sayılmaz mısınız? Maalesef. Acı çekmiyorsanız, bazıları için yaşadığınız şeyin adı aşk değildir. Genellikle aynı cümleyi kurarlar: "Âşık olmamışsın, olduğunda anlarsın."
Beş sene boyunca aynı kişiye âşık kalıp üzülen birine, "Başka birini sevmeye çalışmalısın, sevebileceğini göreceksin," demiştim laf arasında. Öğrendiği aşk, benim bildiklerimden çok uzaktı. Bana cevap olarak, "Sen hiç âşık olmamışsın," demişti. Ona göre, âşık olduysam bir daha kimseyi sevmemeli, sevgimden kolay kolay vazgeçmemeli, mutsuz ve perişan olsam da aylarca, yıllarca bu aşk uğruna savaşmalıydım. Oysa ben buna inanmıyordum. Bu yüzden "Aşk, yaşanan değil, öğrenilen bir şey," demiştim kendi kendime.
Bu yüzden "hayır" diyerek karşı çıkıyorum bu görüşe. Ben de âşık oldum ama belki bu yüzden saplantılı olmadım, takıntı geliştirmedim kimseye. Aşkı başka dinamikte yaşamak, âşık olmamak demek değildir.
Toplumun "aşk" dediği bu yüzden çok enteresan bir şey işte. Hastalıklı, perişan bir hâl, depresyon, kaygılı bağlanma, şiddet

dilli iletişim ve huzursuzluk... Hastalıklı toplumları var eden en temel şeylerin ilişkilerde de aynı şekilde yürümesi hem tuhaf hem de çok belirleyici. Belki de aşk, böyle negatif tanımlamalardan koruyup uzak tuttuğumuzda güzelleşen bir duygudur. Dilin vaadini, anlamın derinliğini, dokunuşun gücünü ve sevginin umudunu yüklediğimizde bir anda cennet bahçesine dönüşmeye hazır bir olgudur...

BİRBİRİNİ BULMAK bu kadar zorken, birbirini kaybetmek neden bu kadar kolay?

ÇOK GARİP, insan aslında en çok kendisiyle beraber ama bazen en çok unuttuğu da yine kendisi.

DALGALAR bir şeyleri alıp götürür senden. Hep böyledir. Dalga seni çok etkilemez, sadece biraz savaştırır sanırsın. Ama sandığın o kadar yorar ki, sonunda seni de senden alıp götürür. Dalganın boyutuna üzülürsün, yanındakinin dalgaya dayanamamış olmasına üzülürsün, bir dalgayla tek başına savaşmış olmana üzülürsün, dalgayı yaşatana üzülürsün... Oysa dalga senden bir şeyler götürürken, sana daha temizini getirmek için hazırlar denizini. Bilebilseydin, ne dalgaya kızardın, ne de denize inan ki.

SANA KARIŞSAM ama kendi içimde hiç karışmasam?

BİRBİRİNE "güvenmemeye çalışmak" diye de bir şey var ilişkilerde.

BİRİNİN SESİNİ ÖZLEMEYİ hep garip buluyorum. Ses, kollardan önce sarılıyor insana ve gözlerden önce görüyor sanki. Sesin gözleri, dokunuşu, kendine has ritmi var. Birinin sesindeki hareketleri özlemek, belki de bu yüzden çok dokunuyor bana.

SEVDİĞİNİN PEŞİNDEN GİDEN kahramanlarla dolu aşk hikâyelerini izlemeyi neden severiz? Bence gerçek hayatta yapamadıklarını izlemek insanları mutlu ediyor. Günümüz dünyasında daha çok aşkı izleyen taraftayız; onu yaşayan, onun peşinden koşan tarafta değiliz. Çünkü yaşadığımız çağ bizi aşk için savaşmaya değil, çabuk vazgeçip bir diğerini denemeye davet ediyor. Ne kadar yakınında olursak olalım, aşkın karşısında elimizi kolumuzu bağlıyor.

YAŞAMIN İÇERİSİNDE hep önceden bildiğimiz duyguları arıyoruz. Mesela uyurken sevilmek, öpülmek, izlenmek isteriz ya. Saçımızın okşanması, yüzümüze dokunulması hoşumuza gider. Tıpkı yeni doğduğumuz zamanlarda sevildiğimiz, uyurken birileri tarafından izlendiğimiz gibi hep güven veren duyguları arıyoruz...

KAVGA ETMEK her zaman "kötü" müdür? Değildir elbette. Bazı kavgalar, sessizliklere çığlık attırır, çözülemeyenleri çözer. İnsanı düğümlerinden kurtarır. Âşıklar kavga ederken birbirlerini daha çok dinlemeliler; sözlerini sakınmadan ama çekip gitmeden dinlemeliler. Çünkü kavgalar aynı zamanda "gerçek tanışmanın" en iyi yollarından biridir.

GECE oldu mu, başlarız insanları zihinlerimizde tekrar tekrar tanımaya, konuşturmaya, sevmeye ya da unutmaya...

"RUH EŞİM" veya "doğru kişi" gibi sevgiliyi yüceltmeye dayalı söylemler, aşkın acısını erkenden hazırlıyor... Yüceltmeler, yücelttiğimiz kişiyi kaybettiğimizde dünyanın başımıza yıkıldığını hissetmemize sebep oluyor. Bu yüzden insan birini yüceltirken dikkat etmeli; sevgiyi çocuk gibi, dikkatle büyütmeli.

ŞÖYLE BİR SORU sorulmuştu bana:
"Neden ulaşamadıklarımız değerli olur?"
Çok anlamlı bulmuştum. Ama daha önemli bir soru daha var şimdi aklımda:
"Neden ulaşılmaz olanı değerli görür ve onu değerli zannederiz?"

HAYATIMIZI "biri" üzerine kurup, hayatı "biri" üzerinden okurken, diğer her şeyi silikleştiriyor muyuz? Belki de sırf bu yüzden "Hayatımı mahvetti," der bazıları. Çünkü o anlam hayatına biriyle gelmiş ve yine biriyle çıkıp gitmiştir hayatından. Aslında birilerinin anlamı değil kendi hayatının anlamsızlığı "mahvoluşuna" sebep olmuştur.

HER ŞEYİNİ BİLDİĞİN insanın, hiç tanımadığın, yüzü ellerinden daha soğuk, suratsız bir yabancıya dönüşmesiyle; birini çok iyi tanımakla, onu hiç tanımamanın birbirine ne kadar yakın olduğunu öğreniyorum.

NASIL OLUR DA birbirimize böylesine uzakken, aklım sana bu kadar yakın? Nasıl olur da, seninle görüşmezken bile seni görebiliyorum? Demek ki sevmenin koşulu birini sadece hayatımızda değil, önce aklımızın sessiz odasında ağırlamamızmış.

İNSAN sevilmediği için değil, sevilmediği yerde ısrarla sevilmeyi beklediği için kaybediyor.

SEVİLDİĞİM YERE kadar gelebilirdim seninle; beni tekrar sevmen için kendimi unutacağım yere kadar değil...

ÖNCE ANLAMSIZDIR. Uzaktan bakarsın, ismini bile bilmezsin. Sadece yabancı biri der, geçersin. Gözüne güzel görünse bile sıfatsız ve niteliksizdir. Kalbine güzel görünmesi, ancak bir anlam kazandıktan sonra ve zamanla gerçekleşir.

Sonrasında, bu yabancının senin hayatındaki anlam yolculuğuna "aşk" dersin ve o aşk dediğin canını acıtmaya başladıkça anlamın içinde kaybolur, kendini mahvedersin.

Yalancı ve yabancı arasındaki tek harfin farkını yazarken hep yakalar ama âşıkken hiç göremezsin...

YANIMDA olman kadar zor olsa keşke, aklımda olman.

GÖRMEK İSTEYEN İÇİN, hiçbir yerde olmasan da, her yerde sen varsın. Görmek istemeyen için, her yerde olsan da, hiçbir yerde yoksun.

ŞARKILARA SIĞINIR bazısı. Bazısı parfüm kokularıyla seslenir sana. Koku bu kadar konuşabilir mi diye sorarsın kendi kendine. Bazısı hep kapılarda selamlar seni ya da karşında oturur sessizce. Bazısı ise roman karakteri olur, kelime kelime, harf harf konuşup durur seninle. Ne gariptir artık hayatında olmayanın hep hayatında durabilmesi ve ne hazindir gitmesi gerekenin ısrarla kalması yerli yerinde.

UMDUĞUN HALDE olmayan, unuttuğun hale gelmeli. Zihninde yanlış yere oturttuğun insan, ruhuna zehirdir.

"ONDA KENDİMİ BULUYORUM..." Ne çok kullanılır bu söylem. Ne çok şey anlatır. İnsan, başkasında ne çok kendisini arar... İlginç buluyorum bu söylemleri artık. Kendimizi başkaları üzerinden tanımayı garip bulmuyorum elbette ama karşımızdakileri kaybettiğimizde bu denli sarsılmamızın altındaki nedenin "kendimizi tanırken yıpratmamız" olması garip geliyor bana... Yıkılmadan, benlik de inşa edilemiyor demek ki...

Aşk bazen bizi kendimize götüren bir yol. Ya da bize kendimizi kaybettirip sonra yine kendimize "getiren" mi demeliydim?

EĞER KENDİMİZİ bir başkasında bulursak, onu kaybederken kendimizi de kaybederiz. Hatta sırf bu yüzden, aşkın ortasında, duyguların doruğundayken bile bazen "Kendimi kaybettim," deriz.

BULANIK SUDA yüzen birinden, seni görmesini bekleyemezsin. Bulanık sulara dalarız bazen. Kimi zaman arkamızdan biri iter, düşeriz; kimi zaman kendimiz atlarız o suya... Ve bulanık sularda yüzerken, her şey bir anda netliğini kaybeder, görme biçimlerimiz değişir, kayboluruz. Ama kaybolmak, kendimize ulaşmanın bir yoludur bazen... Peki ya karşımızdakiler bulanık sularda yüzüyorsa? O zaman onlardan beklentimizi değiştirmeliyiz. Boğulmalarına izin vermemeli, onları suyun içinde kaderlerine terk etmemeliyiz. Müdahale etmeden, sadece yüzmelerine izin verip, yakın mesafeden izlemeliyiz. Bulanık sulardan berrak sulara geçmek, herkesin mutlaka yaşadığı bir süreçtir bu hayatta... Yeniden nefes alabilmek için, suda kalmayı da, dibe dalmayı da, nefesimizi tutmayı da öğrenmeliyiz yaşadıkça...

ÖZLEMEK, özellikle ısrarla olanı, belki de kafamın içinde gezinirken sürekli sana rastlamamla, dünyada gezinip de bir türlü seni bulamamamın arasındaki o tenha boşluğun adı.

SEN HAZIR OLDUĞUN zaman, başkası da hazırlanıp gelirmiş sana doğru. Meğer ayakların yürümesi için, önce zihinde birbirine yürümek gerekirmiş. Aşk, zihinden kalbe karşılıklı yürünerek yapılan garip bir yolculukmuş.

BİRİNİ SEVMEK, her zaman birdenbire olmamalı. Günlere, haftalara, aylara; zamana yayılmalı. Cümlelere taşmalı, kelimelerde dans ederek oradan oraya koşturmalı. Varsın her şey yavaşlasın, acelesiz olsun sevmek. Adım adım yürüsün bazen; önce birimiz bir adım atsın, sonra bir adım diğerimiz. Kendimizi sevmemiz yıllarımızı alıyor da, bir başkasına neden bu acelemiz?

TANIMAK MI daha önemli günümüzde, yoksa sevmek mi? Ben sevmenin daha çok önemsendiğini düşünüyorum ve bu durumu yanlış, hatta tehlikeli buluyorum. Çünkü birini sevmek, onda bir güzellik yakalamak daha kolayken, birini tanımak sevmeye nazaran epey zordur. İnsanın kendisiyle tanışması bile başlı başına bir yolculukken, başkasını tanımak için de yol kat etmesi gerekir. Çıkmaz sokaklara girmesi, kırmızı ışıklarda durması, bazen yavaşlaması, biraz yan yana yürümesi, ara ara göz göze gelmesi gerekir... Oysa ilişkiler paldır küldür şimdilerde.

"Hiç tanıyamamışım," cümlesini daha az söyleyebilmek için, birini sevmekten önce onu tanımaya daha çok vakit ayırmalı insan.

EN SON NE ZAMAN bir yere sadece yürüdün, acelen olmadan?
En son ne zaman sadece sevdin, arkasına "sevilme" beklentisi koymadan?
En son ne zaman birini sadece tanımak istedin, sana göre olup olmadığını düşünmeden?
En son ne zaman birinin hikâyesini bilmek istedin, yargılamadan ve kızmadan?
Sence en son ne zaman "yaşadın"?

SEBEPLER YARATIYORUZ kendimize. Bazen de sebepsiz telaşlar.
Ben artık telaşsızlığı öneriyorum, beraberinde beklemeyi ve sabrı. Sadece izlemeyi öneriyorum, hayatı seyre dalmayı...
Olacak olanla değil, sadece olanla ilgilenmeyi.
Akan bir suda yüzmek istiyorum artık, suyun beni nereye götüreceğini merak etmeden.
Birini sadece tanımak istiyorum, onun beni sevip sevmeyeceğini umursamadan.
Çünkü telaş, hem yaşamın büyüsüne, hem de kendimize en büyük ihanet sanki; en büyük günah.
Neden yaşamın büyüsüne teslim olmak varken, kendi telaşımıza teslim olalım ki?
Savrulmak, bırakmak, hayatın kaybolmuş büyüsünü ucundan da olsa tekrar yakalamak...
Belki de aşka doludizgin kapılmanın sırrı budur; hayata yakınken kendine uzaktan bakmak.

HATIRA ÇEKMECELERİNİ karıştırdıkça görüyorum ki, eğer biri seni çok mutlu etmişse, onu daima çok özlüyorsun. Neden mutluluk kısa, hatıralar uzun sürer?

YANILSAMALAR YARATIRIZ, birinin elini tutabilmek, omuzuna yaslanabilmek, yanına uzanabilmek için. Onu öpebilmek için yine o yanılsamalardan yararlanırız. Öyle ki, gördüğümüz herhangi bir kötülük bulanıklaşır o esnada, görülmez olur. Zaman, zannettiklerimizi gerçeğe taşımadıkça sıkıntı olmaz ama gerçekler ansızın ortaya çıkmaya meyillidir. Aşk, bazı şeyler ortaya çıkmadıkça keyif verir, ortaya çıktığındaysa öldürücüdür.

HAYALLERDEN doğan aşklar, ansızın gerçeklerle tanışarak ölürler. Hayal yaşanmadıkça, gerçekse yaşandıkça acıtır.

AŞKI İSTEMEKLE istememek arasında, mutlulukla mutsuzluk arasında, hayalle gerçek arasında, yaşamla ölüm arasında bir yerlerdeyiz.
Birinin bizi sevip sevmediğine dair hissimiz, genelde sevilmeyi öğrendiğimiz yerlerde saklı.
"Koruyorsa seviyor," diyebilirsin.
"Seviyorsa söyler," diyebilirsin.
Ama korumuyorsa da sevebilir. Söylemiyorsa da sessizce sevmeye devam edebilir.
Birinin sevgisini gösterme şekli, senin beklediğin şeklin kalıbına uymuyor diye sevilmiyor değilsin.

GÜZEL BİR HİKÂYENİN bitişiyle, başka güzel bir hikâyenin başlangıcı arasındaki o zor geçen zaman dilimi...
Keşke bunu anlatan bir kelime de olsa dilde, o boşluğun yerine...

HAYATTA hiçbir şeyin unutulabileceğini düşünmüyorum. Sadece hatırladığının anlamı değişebilir ve bu da hatırladığını artık acıtamaz kılar.

BAZEN SEN hikâyenin bitmesini istemezsin. Bazen o, hikâye bitsin istemez. Ama hikâyeniz çoktan bitmiştir. Çünkü bir hikâye bazen kendi noktasını kendisi koyar. Kendi molasını kendisi verir. İlişkiler öyle değişik yaşanır ki bazen, karşısında elimiz kolumuz bağlanır. Yani çoğunlukla hikâyenin gidişatı kontrolümüzün dışında gelişir. Hikâyeye teslimiyet de önemlidir.

TEKNOLOJİ VE AŞK arasındaki bağlantıyı konuşmamız, ilişkilerimizi değerlendirirken önemli bir etken olabilir mi? Günümüzde ilişki içi hareketlerimiz, ilişkileri başlatıp bitirme sürelerimiz, hızımız, doğrularımız ve değişkenlerimiz... Tüm bunlar dijitalleşmeyle de çok bağlantılı değil mi? Ne kadar hızlandı birliktelikler... Ne çok içi boşaltıldı "tanımak" kelimesinin. Tanımadan sevmek... Tanımadan sevişmek... Kendini tanıtmadan, gizleyerek yaşamak aşkı... Maskelerin ardına saklanıp, aşkı küçümsemek, bir yandan onu istemediğini söyleyip, diğer yandan onunla karşılaşmanın hayalini kurmak... İşte bu hızla hazıra konma isteği günümüzün en mühim sorunlarından biri gibi geliyor bana. İnsan, "görülmeye" dair beklentilerle yaşarken, "tanımaya" ve "tanınmaya" dair harekete geçecek mi?

GEÇMİŞİMİZDEN İZLER göremediğimiz birini sevemeyiz. Aynı zamanda geleceğimizde hayal edemediğimiz kimseye "şimdimizde" bir yer veremeyiz. Aşk, zamanı karıştırır, duyguları tüm zamanlara yayar ve biz hangi zamanı yaşadığımızı bile bilemeyiz. Birini geçmişe uğurlayıp, "sevdim" deriz. Geçmiş zaman kullanıp, kendimize bile yalan söyleriz.

SADECE GEÇMİŞE değil, geleceğe de özlem duyarız. Gideni değil, gelecek olanı da yanımızda ve rüyalarımızda ararız. Aşk, cevabını bekleyen soru gibi durur yanı başımızda. Her karşılaşmada ve her vedada en çok bunu anlarız.

BUNCA GERGİNLİĞİN ve hoyratlığın arasında, sakin insana rastlamak, "güzel insana" rastlamak demek. Sakin insan, sahilde yüzümüze esen yaz kokulu bir rüzgâr artık.

İKİ İNSANIN RUHU, seviştiğinde değil, beraber uyuduğunda "bir"leşir. Çünkü uyurken gözler kapanır, rüyalar açılır. Asıl o zaman çırılçıplak kalınır... Âşıkların rüyaları birbiriyle tanışır, birbirinin içine geçer. Rüyalar birbirini sevdiğinde, âşıkların gelecekleri de geçmişleri de birbirini sever. Sadece birbirini tanıyan ruhlar gerçek anlamda sevişirler.

SEVİLMEYİ BİLMEYEN birini sevmek, kendini çıkmaz sokağa bırakmak ve mutsuz etmektir. Sorun, sadece sevilen kişide değildir, seven de hatalıdır. Çünkü bu tür ilişkilerde bir taraf sevilmemeyi ister, diğer tarafsa sevgisi karşılığında kendi mutsuzluğunu.

İKİ KİŞİ ÖPÜŞTÜĞÜNDE zaman beşik gibi sallanır; hızlı hızlı, bir ileri, bir geri. Gündüzle gece karışır birbirine, unutuluverir saatler, mevsimler, tarihler, yan yana dizilen sayılar... Dünya döner, doğudan batıya, batıdan doğuya. Yani, biraz tersine döner yaşadıklarımız, öğrendiklerimiz.
Öpüşmek siler insanın bildiklerini, ona bilinmezleri öğretir.
Öpüşmek ayıp görülür bazen, hele sokaktayken. Kimine göre yanlış örnektir çoluğa çocuğa. Öpüşmenin içine aşkı katamayanlar bilhassa rahatsız olur öpüşmekten, birini sevmenin o en güzel tarifinden. Oysa aşktır sevdiğini öpmek aklına gelen ilk anda, hatta insanın hatıra olarak kendisine bırakacağı mirastır biraz da...

İNSAN BAŞKASINI kaybetmekten çok, kendisini kaybeder. Dilinde de hep aynı cümle: "Ondan sonra bir türlü kendime gelemedim," der. Yani, "Aşk, beni benden götürdü ve kolay kolay geri getiremez," demek ister. Sevdiğimiz biri hayatımızdan gittiğinde, onun gidişinden sonra kendimize gelemediğimizi söyleriz. Peki "kendimiz" dediğimiz, nereye gitmiş ve gelememiştir? Kendimize gelemememizin nedenlerinden biri, gidenden daha çok kendimizi kaybetmemizdir. Kendimi kaybettim derken, kendi hallerimizi kaybederiz. Sevildiğimiz, düşünüldüğümüz, önemsendiğimiz hallerimizi özlerken, "Onu özledim," deriz. Ama aslında kendimizi özleriz. Sevgilimizin gittiğine üzülürken bile üzüldüğümüz sevgilimiz değil, "kendimizdir." Aşk ne garip şey, sana hep başkasını sevdiğini söyletir ama ısrarla sadece kendisini sevdirir.

ASLINDA KİMSE tam olarak birbirine göre değildir ama âşıklar hep aksini düşünürler, buna inandırırlar kendilerini. Zamanla, çatışa çatışa birbirine göre olmadıklarını keşfeden âşıklar, beraber geçirdikleri vakitten hayallerini gerçekleştirmesini beklerler. Beraber bekledikleri yere de "aşk" derler.

HER DOĞRU KİŞİ, biraz yanlıştır.
Her ruh eşi, sevenin ruhuna biraz aykırıdır.

BAZEN öyle çok inanırız ki o kişinin "doğru" kişi olduğuna; tüm yanlışlarını, hatalarını, bize göre olmayan taraflarını sileriz zihnimizden. O tam da bize göredir. Yanlışı bile doğru yapar zihnimiz, istemediğimiz şeyleri onaylatır bize. Oysa her doğru kişi, doğru olduğu kadar yanlıştır da. Çünkü her doğrunun içinde yanlış tarafları, hataları, bize yaşatacağı hayal kırıklıkları saklıdır gizlice, biz inanmasak da.
O hâlde birini kaybettiğimiz için üzülmeden önce, ne kadar "doğru" biri için üzüldüğümüzü tekrar düşünmemiz gerek günün sonunda.

BAZEN yarım bırakılarak da tamamlanılır.

MEĞER YARIM KALMAK, tamamlanmak zorunda olmak demek değilmiş. Hani şarkılar hep "yarım kalan aşkları" hüzünle anar ya, öyle değilmiş. Cevapsız kalan soruların zaten cevapları yokmuş; sorular cevaplanmak zorunda değilmiş her zaman. Meğer aşk, her zaman tamamlanmak için değilmiş, bazen yarım kalmak için yaşanırmış. Sonunda sen kendi yarımınla bir başına kalıyormuşsun, o da kendi yarımıyla. Meğer hüzün, sen nerede görmek istersen oradaymış. Hüznü baktığın yerden alırsan, orada hüzün de kalmıyormuş. Zaten aşk, yarım kalanlardan gitmiyormuş hatta tersine daha çok kalıyormuş onların yanında, bazen rüyalarında bir araya getiriyormuş sevenleri, bazen düşlerinde el ele tutuşturuyormuş. Yola sorularla ve yarım devam etmek elbette zor ama cevabı yoksa soruların, tamamlanmak gerekmiyorsa artık, korkulacak kadar zor değilmiş yarım kalmak. Belki de en zoru her iki yarımın mutlaka birbirini tamamlayacağını sanmak.

KENDİNİ DEĞERSİZLEŞTİRMENİN iki hali:
Birincisi, seni sevmeyeni sevmekte ısrarcı olmak, ikincisi de seni seven birine karşı kör olmak. Kendini değersizleştirenlerin bir kısmı "Neden beni istemeyeni istiyorum?" sorusunu sormalı önce. Diğer kısmı da, "Neden beni isteyeni isteyemiyorum?" diyerek başlamalı işe. İkisi de bana göre kendi değerini bilememenin, mutluluğu doğru yerde arayamamanın benzer halleri.

"O GÜN ÖYLE YAPMASAYDIM, bugün farklı olurdu," diyerek geçmişimize yönelik sürekli pişmanlık duyarız. "Keşke o güne yeniden dönebilsek," deriz. "Keşke geçmişi değiştirebilsek." Oysa o gün değişse bile yaşananlar değişmeyecektir, bunu bilmeyiz.

"Her şeye rağmen" sevebilirken, neden "her şeye rağmen" sevilmeyi beklemeyiz ki?

Birini "mükemmel" olduğu için sevmeyiz. Kusurlarıyla severiz; olmamışlarıyla, bazı konularda eksikleriyle ve henüz törpülenmemiş yanlarıyla. Bunlardır bizi ona çeken, bu yarım kalmışlığıdır, bazı konulardaki eksik duruşudur.

Tamamlanmamışlığıdır. Çünkü eksiklik, bize kendimizi hatırlatır, biz de eksiğizdir. Hislerimiz o mükemmel olmayışı sevimli kılar. Kızdığımız her ne varsa, onlara karşı tahammül kazandırır, hatta bazen büyüler. Aşkın büyüsü buyken, genelde böyle severken, neden kendimizi "mükemmel" olursak sevileceğimize inandırırız ki?

Yani geçmişe gidip o günü değiştirsek de, yine hiçbir şey değişmeyecektir.

Çünkü biri bizi gerçekten severse, "mükemmel" olduğumuz için değil, "mükemmel olmayışımıza rağmen" sever. Eğer sevmiyorsa, mükemmellik bile rağmenlere galip gelemeyecektir.

BİRİNİ SEVMEK için hem çok nedenimiz vardır, hem de hiç nedenimiz yoktur. Çünkü tüm o nedenlerin olmadığını varsaysak bile, sevmeye devam edeceğimizi biliriz. Bu yüzden aşk hem nedenler bulur, hem de nedenleri tamamen dışlar.

ÂŞIKLAR BAZEN birbirini yaralar, kanatır, acıtır. Sırf sevdiğinin iyileştireni olmak için. Bazen de uzaklaşıp yolu mesafeye bırakırlar. Sırf kavuşmak ne demek anlayabilmek için. Sevdiğimizin ruhunda "kendimize dair" bir yer açma telaşından başka bir şey değildir bu.

ELLERİMİ vücuduna dolayarak, "Beni çok mutlu ediyorsun," dedim. Gözleri gözlerimin içinde ikimize bir ev kurmuşken, "Mutluluk bu olmalı," diye geçirdim içimden.
"Beni mutlu etme iznini" ona benim verdiğimi bilmiyordu. Kimse düşünmez bunu, anın büyüsüne kapılan kimse aklından geçirmez ilişkiye dair bu kadim sırrı. Kendinizi birinin kollarına bıraktığınızda, sevilmeye izin verip, sevene kapı açtığınızı unutursunuz. Bu iznin, bu açılan kapının ileride mutsuzluk için de geçerli olacağını düşünmezsiniz. Mutluluğun da mutsuzluğun da izni aslında bizdedir. İkisi de bizden doğar, bir başkasının teninden, kalbinden, zihninden geçip yine bize doğru akar.

ÂŞIKLAR YAN YANA geldiklerinde aynı mekânı paylaşırlar, aynı havayı solurlar ama en önemlisi artık aynı zamanın içinde beraber var olurlar. Yaşam onları mekânsal olarak ayırdığında bile, zaman onları ayırmaz; zihinsel olarak beraber olmaya devam ederler. Her şey zihindedir; zaman bile... Bu yüzden zaman, anlam olarak çok şey ifade eder, kıymetli bir yerde durur.

Mesela âşıklar en çok bir araya gelemediklerinde ayrılıktan korkarlar ama aslında birbirlerini "görmediklerinde" değil, "hatırlamadıklarında" ayrılırlar. Cismen bir araya gelememe korkusu büyük yanılgıdır. Birinin zamanının içinde yer alıyor olmaktır esas bağ.

Bu yüzden, "zaman" belki de âşıkların birbirine verebileceği en değerli hediyesi.

"Ne güzel zamanlardı," cümlesiyse sevenlerin en hazin cümlesi.

DEĞİŞEMEYENLER, hep başkasının değişmesini ister.
"Değişsin istiyorum," ya da "değişirse barışacağım," ne çok duyuyorum bu cümleleri... Acaba birini "değiştirme" ihtiyacımız nereden kaynaklanıyor? Bazen âşıkların sanki resim çizer gibi birbirlerinin üzerini çizdiklerini düşünüyorum; farklı renklere boyadıklarını, bazı taraflarını silmeye çalıştıklarını, bazen de karaladıklarını görüyorum...
Bu değişim ihtiyacının "sürekli" olmasının altında, "kendi değişiminden kaçmak" yatıyor olabilir mi? Çünkü kendimizi değiştirmedikçe sınırlarımızı esnetemiyoruz ve karşımızdakine de yapamadıklarımızı yaptırmaya çalışıyoruz.
Birinden sürekli değişmesi isteniyorsa, o kişi artık olduğu haliyle sevilmiyordur diye düşünüyorum. Oysa değişimler kendiliğinden gerçekleşir ve başkası değişim istedikçe kişi daha çok tutunur kendine, olduğu haliyle sevilme ihtiyacına.
Bazen, bazı şeyleri yamuk bırakmak gerek, ters durmasına izin vermek... Ya da karşımızdakine başka açıdan bakmak, onunla empati kurmak gerek.
Çünkü her resim kendi tuhaflığıyla güzeldir.
İşin sırrı, değişimi başkasından istemeden önce kendi içimizde değişime açık olup olmadığımızı görebilmek.

BİRİNDEN SOĞURKEN, sadece o kişiden soğumuyoruz. Onu sevme fikrinden de soğuyoruz. Bu fikir artık ısıtmıyor içimizi, ilk gün hissettiğimiz gibi heyecanlandırmıyor. Ne ayaklarımız gidiyor yanına artık, ne de gözlerimiz bakıyor olduğu yere. Ve böylece başka bir fikre ısınıyoruz, vazgeçme fikrine.

VARLIĞINI GÖZÜMÜZDE aşırı büyüttüğümüz her şeyin, yokluğunu da beraberinde büyütürüz.

BİRİNİN VARLIĞINA karşı sevgimiz büyürken, aynı anda yokluğuna karşı da nefretimiz büyür. Aşk hem nefreti hem sevgiyi birlikte barındırır içinde. Denge olmadıkça kayboluruz. Varlığı ve yokluğu, güzeli ve çirkini, siyahı ve beyazı bazen birbirinden çok uzak algılamamak gerek. Zıtlıkları bilmeden yaşamak, er ya da geç hayal kırıklığı olur. Çünkü hayat da aşk da zıtlıklarla doludur.

"BİR AYRILIP BİR BARIŞIYORUZ. Bu çok yıpratıcı," dedi arka masamda oturan bir erkek. Ve ekledi: "Çok yoruldum." Ben de düşünmeye başladım. Zaten hep merak etmişimdir ayrılıp barışmanın arkasındaki gizli motivasyonu ve sebepleri.

Her ilişkinin dinamiği elbette farklıdır ama ben bazı insanların birbirlerini değil, "birbirlerini elde etmeyi" sevdiklerine inanıyorum. Öyle ki, bu insanlar beraber olmaktan ziyade, "beraber olmamayı" seviyorlar ve "ayrılığı kabul edememeleri" yüzünden o dönemi çok kısa yaşayıp, tekrar bir araya geliyorlar. Ama bir araya gelmeleri birbirlerini çok sevdiklerinden değil de "ayrılıkta karşılaşacakları yalnızlıktan" kaçtıkları içinmiş gibi geliyor bana. Bazı ilişkilerde kişileri "tekrar barıştıran" şeyin korkular olduğuna inanıyorum.

Ayrılıp barışmak, "tekrar başarabilirim" ve "tekrar düzeltebilirim" motivasyonu taşırken, kişilere bu rolü de yüklüyor sanki. Bu insanlar geçmişlerinde yıkımlara tanıklık etmiş gibiler. Yani "yıkımları toparlamalıyım" hissini taşıyorlar sürekli.

"Tekrar düzeltebilirim."

Hayır, belki de gerçekten düzeltilecek bir şey kalmamıştır.

Yıpranmış hissetmesi de, kişinin bu yıkımı tek başına düzeltemeyeceğinin en büyük kanıtıdır...

Kabullenmemiz gereken, çok basitmiş gibi görünen bir hayat gerçeği: "Bazı ilişkiler biter. Bitmek zorundadır. Bittiğinde dünya başımıza yıkılmayacaktır. Felaketimiz olmayacaktır. Aşk başka yerden, belki de daha iyisiyle, yeniden başlayacaktır."

BİRİNİ UNUTTUĞUMUZU, onu hatırlayarak anlarız.
Çünkü artık hatırlamak acıtmaz.

BELİRSİZLİK NEDEN bizim için çok rahatsız edici? İnsan sürekli kesinlikler aramak yerine, bazen belirsizliğe de güvenmeli diye düşünüyorum son zamanlarda. Emin olmak bizi bazı olasılıklara karşı kör edebiliyor, bunu fark ediyorum. Çünkü içinde bulunduğumuz durumun tam tersi olasılığı siliyoruz zihinlerimizden, bilmek istemiyoruz. Âşıksak ayrılığı tüm inancımızla dışlıyoruz örneğin. "Bir gün sevilmeyebileceğimiz" gerçeği bize çok ağır geliyor; kaçıyoruz bu tür cümlelerden. Sağır ediyoruz kulaklarımızı. Beraberliklerin bir gün ayrılıkla sonuçlanabileceği ihtimali bizi rahatsız etse de bunun farkında olmak olası ayrılıkları daha rahat atlatmamızı sağlamaz mı? Günlük yaşantımızda hep "Hayatta her şey olabilir," diyoruz. Ancak ben bu hayatta her şeyin olabileceğini yeterince idrak edebildiğimizi düşünmüyorum. Bu yüzden, bu cümleyi idrak ederek, iyiyle kötüyü, başlangıçla bitişi, doğumla ölümü birbirinden çok uzakta görmemek, hayatı anlayabilmek için bence çok mühim. Çünkü, hayatta her an her şey olabilir ve bunu kucaklamak ya da mahvolmak tamamen bize bağlıdır.

İNSAN HAYATTA bir şeyin gerçekten bittiğini ne zaman anlar? Geriye doğru bakarsın, onu hâlâ orada görürsün ama artık gördüğün yer, senin olmak istediğin yer değildir.

BİRİNİN VARLIĞI bizim için nasıl "biter"? Belki de bu soru üzerine düşünmeli "bitiremeyenler." Ben, kendimizi görmediğimiz yerlerde ısrarcı olmamamız gerektiğini düşünüyorum. Çünkü bazı insanların, kendisini ısrarla mutsuz olduğu yerlerde de görmek istediğine tanık oluyorum. İlişkiler kimi zaman mutlu ve kimi zaman mutsuz olarak el ele ilerleyebilir ancak sadece mutsuzluğu ezberlemiş olmak çok tehlikeli. "Mutsuzluğu arzulamak" mesela, hepimiz şahidiz böyle ilişkilerin varlığına, bu çok üzücü... Bu yüzden "bitirebilmek" çok mühim bir adım. Geriye doğru bakabilmek, bakarken "başka" görebilmek çok değerli... Zaten hayatta kimin yanında durduğumuz, hayatta neye ihtiyaç duyduğumuzun bir kanıtı değil midir? Her şeyden önce mutsuzluğun bir ihtiyaç olamayacağını bilerek geleceğimize yürüyelim. O bir ihtiyaç değil, olsa olsa yanlış bir seçimdir.

SARILMAK, sarılıp öylece kalmak neden bu kadar özel ve anlamlı? Sarılırken, sadece bir bedene yaklaşıp, ona kollarımızı dolamıyoruz. Sarılırken, gözlerimizi dünyaya kapatıp, hislerimize açtığımızda "huzurlu bir yer" bulmuş olma duygusu ısıtıyor içimizi ve aslında hayatta her şeye bu fikirle uzanıyor kollarımız. Sarılıp durduğumuz o anlar, dünyayı ve zamanı durdurma isteğimizin somut halinden başka ne olabilir ki?

ARKADAŞLIKTAN BİRAZ ÖTEDE, sevgili olmaktansa epey geride; işte artık o noktada buluşan, yaşanan aşklar yaygın. Bu durum aslında çok önemli itiraflarda bulunuyor: Anlamı bir insana yükleyememek, ötekine karşı teslimiyetten korkmak, kendini yalnızlaştırmak ve kontrolcülük yüzünden mutsuz olmak.
İnsanlar kendilerini üzmemek için anlam karmaşası yaşıyorlar. Anlamı başkasına yükleyemedikleri için yaşanan bu sıkışma, insanın beklentilerine çok ters aslında. Çünkü insanın temel ihtiyacı anlamların içini doldurabilecek birine korkmadan yaslanabilmek, acısıyla sevinciyle birlikte kendini ona güvenle bırakabilmek.
Ne arkadaşlıktan geride, ne sevgili olmaktan ötede. Kendi kendine dengede!

BELKİ DE KİMSENİN geri dönmesini istemiyorsun. Sen, eski halin sana dönsün istiyorsun.

ELLER konu aşk olduğunda öyle önemlidir ki, hemen görev başına geçerler. Dindirilemeyen bir hevesle bir araya gelmek isterler; uzun zamandır beklenilen günün nihayet gelmiş olması gibi, ötekinin parmaklarına doğru koşturma halinde olurlar. Bu yüzden aşkı her zaman bedenimizle kutlar, parmak aralarımızdaki boşlukları aşkla doldururuz.

BİLMEDİĞİMİZ, hiç yakınlık duymadığımız, fark etmediğimiz insanlarda gizlidir bazen mutluluk. Aradıklarımız, uzak durduğumuz yaşamlarda saklıdır kimi zaman. Israrla mutsuz edecek olana yakınlık duyar bazısı. Onu "güzel" bulur, onu karşısına kaderin çıkardığına inanır. Oysa bu kader değil, olsa olsa insanın kendisiyle yaptığı gizli bir sözleşmedir, bir seçimdir. Bazen insan bilmediği yollarda yürümeli ki, aşkın sürprizlerine ayak uydurabilsin.

Bazen insan bilmediği yollarda yürümeli ki, ezbere bildiği mutsuzluğu unutabilsin.

HEP YÜRÜDÜĞÜN, doğru sandığın yol sana mutsuzluk getirdiği vakit, değiştir rotanı! Bilmediğin yollara geç; hiç geçmediğin patikalarda yürü. Adını doğru koyduğumuz yollar bizi mutsuz eder kimi zaman, çünkü mutsuzluğa yürüdüğümüzü bir türlü fark edemeyiz.

EKSİK KALMAK gerekiyor bazen. İnsanın karşısındaki kişi üzerinde iktidar kurmayı bırakıp, ona teslim olması gerekiyor. Hayır öylesine teslimiyet değil, sana zarar vermeyeceğini bildiğin bir teslimiyet bu; korkusuz bir teslimiyet. Bu yüzden güçsüz olması gerekiyor bazen insanın. "Kötüyüm," deyip, acısının şiddetini bir doğum günü hediyesi gibi teslim etmesi gerekiyor âşığının ellerine. Çünkü acı, sevdiğimizden başka kimseye veremediğimiz en hazin hediyemizdir.

HERKESİN "eksiksiz ve tam" görünmeye çalışarak, harika kariyerlerini birbirine sunduğu, diplomalarını ve paralarını seviştirdiği anlardan sonra ne kalır geriye? Hiç!
Kimse kusursuzluğa âşık olmaz hayatta.

Toplum ve Siyah Beyaz Kelimeler

Ülkede herhangi kötü bir şey olduğu zaman, "Bizim toplum hiç gelişmemiş, ondan böyle oluyor," cümlesi, her zaman karşılaştığım bir cümle. Sokakta, evlerde aileler arasında, okullarda öğrenciler arasında, kafelerde, otobüste yolcular arası fısıldaşmalarda, konferanslarda, söyleşilerde; durmadan kulaktan kulağa akıyor, orada bir yer buluyor kendine... Özellikle tekrarlanan, anbean üretilen, pekiştirilen, küçük bir çocuğu besler gibi sürekli diyaloglar içerisinde beslenen bir cümle benim için. Aynı zamanda bir gerçekliğin yaratılışı da.

Oysa daha önemli bir soru doğuruyor içimde: "Bizim toplumda insanlar kendi varoluşlarına alan bulabiliyorlar mı?"

Başkalarıyla yan yana gelip onlara eklenerek, bazen benzeşip, bazen onlardan ayrışarak, hep beraber bir "toplum" oluyoruz. Aslında toplum, bizim kendimizi keşfettiğimiz ya da tamamlanamadığımız, kendimizi şekillendirdiğimiz ya da istediğimiz şekle giremediğimiz, iç içe geçişlerin sürekli devam ettiği en önemli alanlardan biri. Bazen içinde en çok saklandığımız kavram.

Toplum dediğimiz kelime madem içerisinde bizi taşıyor, neden "Biz hiç gelişmemişiz," diyoruz durmadan?

Belki de "biz" derken, kimliklerden bahsettiğimizi fark edip, kimliklerin varoluşu üzerine sorular sormalıyız. Daha da ileri giderek söylemem gerekirse, kimliklerin varoluşuna izin verip vermediğimiz konusunda konuşmalıyız. Anne babaların çocuklarına, öğretmenlerin öğrencilerine, devletlerin vatandaşlarının kimliklerine gösterdiği tutumlar üzerine düşünmeliyiz. Konuşamadıklarımızı konuşmamaya devam ettiğimiz için "Biz hiç gelişmemişiz," diyor olabilir miyiz?

Tüm toplumlar, farklı kimliklerden oluşur. Tek bir kimlik peşinde olmak diye bir şey söz konusu değildir. Her toplumda üst kimlikler, alt kimlikler vardır. Bir kimlik hiyerarşisi kurulur ve kimlikler, farklı farklı şekillerde, katman katman oluşurlar; zaman zaman üst üste, zaman zaman yan yana dizilirler, kimi zaman aşağıya düşerler, kimi zaman yukarıya çıkarlar. Bazen bir kimlik diğer kimliğin yanına gelir; bazen de zamanla silinir.

Ancak kimlik her zaman ona atfedilene uyum gösteremeyebilir. İnsan, üzerine atanan kimliklerden çıkarak (Türkiye'de bir Müslüman'ın deist olması, Rusya'da bir erkeğin heteroseksüel olmaması, Orta Doğu'da bir kadının hiç evlenmek istememesi gibi) başka hareketlilikler tatmak isteyebilir. Kimliğin dışına çıkmak, başka hareketlilikler deneyimlemek ne zaman baskı ve zulüm görür; o zaman kimlik daha çok bağırmaya, ezilen yerler daha çok sahiplenilmeye başlar. Bu çatışmalar da toplumun gelişememesine, gerilemesine, problemlerin etrafında dolaşıp durmasına önayak olur. Yani, topluma bakmadan önce, kimliklerin varoluşlarını ne kadar gerçekleştirebildikleri üzerine de konuşmalıyız.

"Bizler" ve "sizler" olarak ikiye bölünen, sürekli hesaplaşma halindeki toplumda, kişiler kendi taraflarına daha çok bağımlı hale gelip ötekileştirdiklerinden mümkün oldukça uzaklaşmaya başladılar. Oysa ben bunu, gelişememenin önünde çok büyük bir engel olarak görüyorum. Çünkü kimlik, bize benzesin ya da hiç benzemesin, bütünlük için farklılığıyla da var olmak zorundadır. Gelişme sadece ekonomik anlamda değil, toplumsal ve felsefi anlamda da tamamlanmalıdır. Varoluş, çocukluktan yetişkinliğe kadar toplumsal anlamda da destek görmelidir.

Farklı gördüklerimizle yüz yüze gelmek, toplumda hem sınıfsal olarak, hem de ayrışmalar yüzünden bugünlerde çok zor, biliyorum. Ama ben farklı kimliklerin yüz yüze gelmelerini, bir konu hakkında aynı masa etrafında kendi bakış açılarıyla konuşabilmelerini çok önemsiyorum. Tahammülsüzlüğün de, "benzerine aşina olmaktan kurtulamama" yüzünden daha çok tırmandığını düşünüyorum. Nasıl bilmediğimiz bir dili hiç konuşamazsak, hiç bilmediğimiz yaşantılar süren insanlarla da aynı masaya oturmayız; oturmak istemeyiz. Bu durumuda "sevmemek" olarak nitelendiririz; oysa sevmediğimiz bazen kendi bilgisizliğimiz, soğukluğumuz, yabancılaşmamızdır.

Mesafeli durduğumuz konular, sadece ideolojileri, fikirleri, yaşantıları içermiyor; neye mesafeliysek, o mesafelerin bedensel sembolü olarak gördüğümüz insanlardan da uzak duruyoruz. Oysa hepimizin bir arada yaşamak gibi bir sorumluluğu var ve bu sorumluluk sadece bize benzeyene, bizimle aynı fikirde, aynı dinde, aynı cinsiyette, aynı sınıfta, aynı kültürde olana karşı değil; bize hiç benzemeyene karşı da bir sorumluluktur. Herkesin herkesi kendisine benzetmeye çalışarak sadece benzerleriyle yakın bağ kurduğu bir toplumda, farklı olanlar tehdit olarak algılanabilir. Ama tanışıklığın çok olduğu bir toplumda, kimlikler ötekileştirilmeden, huzurla ve birlikte yaşamak mümkündür.

Wittgenstein'ın, "Gözümüzün önünde olanı görmek çok güçtür," sözünü hatırlayalım. O hâlde "gelişmiş toplum olmak" ve "Bizim toplum hiç gelişmemiş, ondan böyle oluyor," dememek için önce birbirimizin varoluşuna ne kadar katkıda bulunduğumuzu kendimize sormamızda ve güç olanı kolaylaştırmamızda fayda var.

Güçlü toplum, sadece siyah beyaz kelimelerden değil; renk renk kelimelerin yan yana dizilebilmesinden oluşan toplumdur.

ÖZGÜRLÜĞÜ, senin düşüncende, senin inancında olmayanı da "insan" olduğu için kapsayarak genişlettiğin vakit, onu gerçekten idrak etmiş ve savunabilir olursun. Sadece kendi fikrine veya inancına göre bir özgürlük savunduğunda, özgürlüğü değil ancak kendini savunursun.

SOSYAL MEDYADA son zamanlarda çok fazla "Türkiye'den gidiyorum," mesajları ve bilet paylaşımları görmeye başladım; neredeyse her gün bir tanesi mutlaka önüme düşüyor. Ancak bu insanlar yurt dışında yükselen sağ politikalardan ne kadar haberdarlar endişeliyim. Avrupa'da Türkler ve Müslümanlar "öteki"ler ve çoğu ayrımcılıkla karşı karşıya kalıyorlar. Avrupa'da yaşayan Türkler iş alanlarında da sıkıntı yaşıyorlar. Çünkü Avrupa, Türkiye'de alınan eğitimi beğenmeyip, genelde yetersiz buluyor.

Bu arada ben, kendi ülkesindeki Suriyelilerden nefret edip, ülkesinde yabancı düşmanlığını ve nefret dilini besledikten sonra Avrupa'ya kaçanları, Avrupa'da kabul görmek isteyenleri ve ırkçılık gördüğünde şaşıranları da iki yüzlü buluyorum. Yabancı düşmanlığının kesinlikle daha çok tartışılması gerektiğini düşünüyorum...

Örneğin, bir arkadaşım iki senedir Avrupa'da bir şehirde iş bulamıyor. Bunun bir sebebinin de ırkçılık olduğuna inanıyorum, sessiz bir ırkçılık var kamusal alanda. Yine başka bir Avrupa şehrinde yaşayan arkadaşım, bir doğum günü partisinde kendisini "Yunanlı" diyerek tanıttığını, Türk dediğinde gelecek sorularla uğraşmak istemediği için böyle davrandığını anlatmıştı. Bu, yazılması gereken çok büyük bir toplumsal şiddettir. Kimliklerin görünürlüğüne karşı büyük bir baskı, bir tehdittir. Türkiye'den, Avrupa ve Amerika'ya gidilebilir ancak gidilmeden önce o kültürü, o toplumu bilmek, karşılaşılacak sorunlara ve ön yargılara hazırlıklı olmak gerekir diye düşünüyorum. Aynı zamanda içimden, keşke Türkiye bu kadar beyin göçü yaşamasaydı diye buruk bir cümle geçiriyorum...

TÜRKİYE'DE KİMLİKLER değersizleştiriliyor ve bölgeselleştiriliyor. Başörtülü birine "Arabistan'a git," eşcinsel birine "Avrupa'ya git," seküler yaşayan birine "Amerika'ya git," denilerek herkesin birbirini kovduğu bir ülke haline gelmek çok canımı sıkıyor. Çeşitliliğe saygı duymak, kimlikleri coğrafyalarla değerlendirmemek, Doğu veya Batı'ya yakıştırmayı bırakmak zorundayız. İnsanın kendisine yakınlaşması, vatanından uzaklaşması olmamalı.

KADIN CİNAYETLERİNDEN daha kötüsü, kadın cinayetlerini çözemeyen bir toplumda yaşamak.

BAZI TOPLUMLARDA "garip" olmak, "normal" olmaktır. Çünkü normalin kendisi, bazı toplumlarda "normal" olmaktan çıkmış, kelime tamamen karışık bir hal almış ve içi boşaltılmıştır. Yani garipseniyorsanız, bu her zaman "normal" olmadığınız anlamına gelmez.

TÜRKİYE, rüyaların birbiriyle çarpıştığı bir ülke benim için. Herkesin rüyası farklı, görmek istediği farklı. Bu yüzden bir türlü anlaşılamıyor. Çünkü bazısının rüyası, diğerinin kâbusu.

TOPLUMDA EVLİLİK veya bir sevgilinin olup olmaması çok önemsendikçe, yalnız olmak korkutucu bir hal alır. Yalnızlık, kabullenilemez hale getirilir. Toplum öyle gariptir ki, birine merak ettiği soruları sorarken, aslında ona eksik olduğunu hatırlatmak, onu yönlendirmek ister. Sırf bu yüzden, kendi kalabalığında bile dışlanan ve karanlığa itilen bireyler yaratır.

"BEKÂR EVİ" denildiğinde kaç kişinin aklına kadınlar geliyor? Eminim herkesin aklına ilk önce erkekler gelir. Çünkü kadınların tek başına eve çıkması bu toplumda çok zordur. Yani yeri gelir, evler bile cinsiyetçi bir ayrımın kurbanı sayılabilir. "Baba evi", "bekâr evi" adı verilerek o evler de erkeklerin olur.

BAZI İNSANLARI, "Biz Müslümanız ve Müslüman ülkede yaşıyoruz," diyerek dışlamaya çalışanlar, Avrupa'daki İslamofobiyi beslediklerinin farkındalar mı? Bu dışlama, Avrupa ülkelerinin "Biz de Hristiyanız ve Müslümanları istemiyoruz," söylemini desteklemiyor mu?

ETRAFIMIZ NE KADAR çok bize benziyorsa, o kadar çok kısırlaşırız. Bir Türk milliyetçisinin Kürt, bir eşcinselin İslamcı, bir sağcının solcu arkadaşı olmadıkça, toplum birlikte yaşamayı öğrenemez. Toplumsal karşılaşmaların zorluğu, gelişmeye en büyük engel.

BAZI TOPLUMLAR zamanını kaybeder, bazısı parasını, bazısı inancını, bazısı geleneklerini... Bazısı da insanlarını... Bazı toplumlarsa aşklarını kaybeder. Aşkın yaşam alanı aşırı muhafazakârlaştıkça, kadın-erkek arasındaki uçurum artar, kavuşmak uzar ve aşk yok olur ortadan; buharlaşır. Derken birbirine yakınlaşmak zorlaşır, uzaklaşmak kolaylaşır. Sonra öpmek ayıp hale gelir ama kavga etmek, ayrılmak, ilişkileri sakız misali tüketmek normalleşir...
Sevmek önemsenmedikçe, ayrılık kaçınılmaz olur.
Bu yüzden zordur aşkı kaybeden toplumlarda aşkı aramak, bulmak ya da yaşamaya çalışmak...

EĞER BİR GÜN kız çocuğum olursa, onu kafese koymayacağım.
Kendi doğrularımı ona dayatmayacağım.
Onun kendi doğrularını doğurmasını bekleyeceğim.
Eğer bir gün kız çocuğum olursa, kendi sevme şekillerimi ona öğretmeyeceğim.
Onun kendi sevme şeklini bulmasını bekleyeceğim.
Eğer bir gün kız çocuğum olursa, onda görmek istediklerimi ona söylemeyeceğim; onun kendinde görmek istediklerini dinleyeceğim. Kendi hayallerimi değil, onun hayallerini destekleyeceğim.
Eğer bir gün kız çocuğum olursa, onu bir erkekle görmekten mutlu olacağım. Eğer bir kızla görürsem, yine mutlu olacağım. Çünkü beni mutlu eden tek şey, onun mutluluğu olacak.
Benim payıma sadece o mutluluğu paylaşmak düşecek.
Eğer bir gün kız çocuğum olursa, iyiliğini isteyen insanların da ona kötülük yapabileceğini anlatacağım.
Ona ahkâm kesmeyeceğim, sadece konuşacağım...
Eğer bir gün kız çocuğum olursa, ona çoğunluğun yapamadığını yapacağım ve kendisi olmasını sağlayacağım. Sadece kendisi!

AHLÂKÇILARIN ahlâklarından ve beni düşünenlerin sadece kendilerini düşünmesinden çok korkuyorum.

ÖZGÜRLÜK tarihte ve şimdi ne kadar önemliyse, gelecekte de muhakkak çok konuşulacak önemli bir kavram olacak. Ama ben yaşadığım dönem içinde gözlemlediğim bir durumdan bahsetmek istiyorum. Sağ-sol fikir çatışmalarının içinde bulunduğumuz her vakit, muhafazakâr olan seküler olanı, seküler olan muhafazakâr olanı "özgürlük" kelimesini sömüre sömüre eleştiriyor. Oysa yaptıklarının bence özgürlükle hiç alakası yok. Örneğin son dönemlerde, maddi durumu iyi olan muhafazakâr kesimin yaşantısı ilgi çekiyor. Bu ilginin ve konuşulmanın merkezinde, "benden üstün olmasın" ve "görünür olmasın" kaygısının yattığını düşünüyorum. Bunun dışında, özgürce düşünmek ve insana değer vermek çok yanlış anlaşılıyor. İnsan hakları konusundaki bilgisizlikler, örneğin Kürt bir vatandaşı savununca "yoksa sen Kürt müsün?", muhafazakâr bir kesimi savununca "İslamcı mısın?" sorularıyla cevap buluyor. Oysa bunlar çok sığ düşünceler. Bizim, savunduğumuz şey olmamıza gerek yok. Olmamız gereken, olduğumuz kişiden de uzaklaşarak, olmadığımız birinin yerine geçebilmek ve onun yüzüyle bakabilmek hem dünyaya, hem aynaya... Ben, kişinin, kendisine benzemeyeni savunmaya başladığı vakit gerçekten "özgürlüğü" idrak edebileceğine inanıyorum.

"ALEVİ OLDUĞUM İÇİN istenmedim, sevdiğimi benden ayırıp başkasıyla evlendirdiler..." Bir okurum tarafından gönderilmiş bu mesajdan şunu anlıyorum: "Aşk" bazıları için hiçbir şey ifade etmiyor ve bazıları sadece izin verilen aşkları yaşıyor. Kültürün, toplumun izin verdiğini... Hayal ettiğini değil, sadece o kadarını... Kültürün izin verdiğiyle, kişinin duyguları arasındaki uçurumu çok hüzünlü buluyorum. Sanki aşk onlar için çok uzakta, başka diyarlarda... O hâlde "aşk"ın içinde hiç aşk kalmamış. Aşkın içi boşaltılmış; içine tıka basa kültürel inançlar doldurulmuş. Dilerim bir gün, dini düşünce özgürlüğünün içimizdeki iyilikten ve insanlığımızdan hiçbir şey götürmediğini öğreniriz. Aşkın farklılıkları güzelleştirdiğini, kutladığını ve büyüttüğünü idrak ederiz...

"NEGATİF DÜŞÜNENİ hayatından çıkar," ve "Hep pozitif insanlarla birlikte ol," gibi cümleler, karamsar, negatif insanların "kötü" insanlar olabileceğini söylüyor. Ayrıca bu cümleler, insanların çevrelerini kısırlaştırmalarına, yalnızlaşmalarına sebebiyet veriyor diye düşünüyorum. Oysa negatif insanların sesinin kesilmesi, onların dışlanması ne kadar doğru? Ben bunu çok yanlış buluyorum. Ya negatif insanlar, konuşmaya en muhtaç olanlarsa? Pozitif ve negatif, acı ve sevinç, doğru ve yanlış; biz bu zıt gibi görünen ama iç içe geçmiş kavramların karışımından ibaretiz. Yalnızlaşmayı bu boyutlarıyla da incelememiz, tahammülsüzlüğün yalnızlıkla kurduğu ilişkiyi de düşünmemiz gerekir.

YAŞADIĞIMIZ POSTMODERN dönem, öyle bir dönem ki, estetik şiddetin koynunda kendimize sistemin "güzel" dediği fiziksel görüntüler yaratarak, bunu onaylayan insanların bizi sevdiklerini varsayıyor ve kendimiz dışında "herkes" olduğumuz için sevildiğimizi bir türlü hissedemiyoruz.

YİRMİLİ YAŞLARININ SONUNDA bir kız arkadaşımla sohbet ederken, "Hayatımda ilk kez bir erkek bana kendimi değerli hissettirdi," dedi. Şükran doluydu ancak aslında "olması gereken" için teşekkür ediyordu hayata. Kurduğu cümlenin "geç"liği üzerine düşündüm. Kadınlar, sevilmeye ne kadar da geç kalıyorlar... Ne kadar geç tanışıyorlar "değerli" hissetmekle. Çok huzursuzlanıyorum bazı kadınlar için. Çünkü çok az rastlıyorlar değer gösterene, cinsiyetçi olmayana ve duyguları ötekileştirmeden yaşayabilene...

Hayatlarında hep aşkı, duyguları, sevgiyi "kadınsı" zanneden erkekliklerle baş etmeye çalışıyorlar.

Zaten bence erkekler sadece kadınları küçümsemekle kalmıyorlar, onlar aynı zamanda kendi duygularını da küçümsüyorlar.

Çünkü aşkı, sevgiyi "kadınsı" algılıyorlar. Duyguların cinsiyeti var zannediyorlar. Kendi içlerindeki bu "kadınsı" olguları, duygularını göstermemek, kadınlardan nefret etmek ya da onları cezalandırmak gibi tepkilerle ortaya çıkarıyorlar.

Kadının değerli hissetmesi ve o değeri gördüğünde "şaşırmaması" demek, erkeğin "aşk"ı küçümsememeyi öğrenmiş olması demek.

Zaten aşkın ilk dileği de bu olsa gerek...

SEVİLMEK lütuf değildir;
belki de her şeye buradan başlamak lazım.

TÜRKİYE'DE BABA kelimesi, genelde otoriteyle ve mesafeyle ilişkilendirilir. Eylemler de aile içinde genelde hep böyledir ve babanın kendisi dahil herkes buna sessizce boyun eğmiştir. Babayı dışarıya hapseden sistem yüzünden çocuklar babalarına uzak yetişir bu ülkede ve bu uzaklıktan dolayı hep biraz eksiklerdir de. Bir ömür boyu sürecek bir eksikliktir bu...
"Babam nerede?" Her çocuğun sorduğu bir sorudur, içinde gizli bir "gelsin artık" arzusuyla. Babalar bu düşkünlüğü fark etseler bile, mesafeli tavırlarını bir kıyafet giyer gibi her sabah giyerler üzerlerine ve öyle çıkarlar evden, öyle yarım öperler çocuklarını. Hatta babaların çocuklarını öpmesi bile zordur bu sistemde. Çünkü öpmek, dokunmak otoriteye terstir. Sistem der ki, çocuğunu azarlayabilirsin ama yüz göz olup öyle sürekli öpemezsin... Bundan dolayı yeterince öpülmemiş çocuklar sadece babalarına kızmasınlar; babaları bu şekilde hareket ettiren kültürü ve sistemi de ara ara sorgulasınlar isterim. Ancak, ne olursa olsun baba, canımız acıdığında dönüp baktığımız yerlerden biridir aynı zamanda. Her ne kadar "anne" diye ağlasak da "baba" da geçer içimizden o anlarda. Altı yaşında da böyledir, altmış yaşında da. Bu yüzden altı yaşında çevremize baktığımız gözlerle, altmış yaşındayken de hatıralarla babamızı tekrar arar, onu tekrar dinler, kaybetmiş olsak bile hatıraların içinden hüzünle çıkarır aramızdaki mesafeyi aşmaya çalışırız.
"Baba, yarım yara" derler ya, bizim toplumda böyledir işte. Büyürken her şeye alıştığımız gibi, buna da alışırız...

DENİZE GİRMEK İÇİN bir kız arkadaşımla birlikte kumsalda yürürken, bana birden "Sen hiç göbeğini içine çekiyor musun?" diye sorup, kendisinin bunu sürekli yaptığını söylemişti. Ben, o zamana kadar kendi bedenimdeki bir bölge hakkında "içime çekmem gereken bölge" diye bir algı oluşturmadığım için söylediğine çok şaşırmıştım. Onun tepkisi de, "Ben senelerdir göbeğimi içime çekerek yürür, öyle fotoğraf çektirir, öyle denize girerim. Artık alıştım, bu benim normalim," şeklinde olmuştu. Kendi bedenini sıkarak, içine çekerek, onu zorlayarak yaşamak artık onun normaliydi. Yıllardır cinsiyet araştırmalarıyla ve beden politikalarıyla da içli dışlıyım. Denize giren kilolu erkek ve kadınları, kilolu olmayan ve bu sefer de inceliğiyle eleştirilenleri, üstüne tişört giyerek denize giren erkekleri, uzun elbiselerle denize giren kadınları görünce ister istemez bu konuları düşünürüm. Bazı insanlar, "Kim bilir kendi bedeninden ne kadar uzak? Kim bilir neyin etkisinde? Acaba kendi bedenini neden sevgisiz bırakmış?" diye sorular sormama sebep olur. Kadının kendi bedenini gördüğü yeri merak ederim. Bedenine uzak yaşayan, onunla hiç bağlantı kuramamış insanlar acıtır canımı. Oysa kendi normalimiz, sevileceğimizi düşündüğümüz halimiz değil, olduğumuz halimizdir. Ancak o zaman hem kendimizi sevebiliriz, hem de bizi gerçekten sevecek olanla karşılaşabiliriz.

NE KADAR BEKLEYEBİLİRSİNİZ? Mesela, bu yazıda hangi konudan bahsedeceğimi öğrenmek için ne kadar sabredebilirsiniz? Şu an, yani beni okurken bile hemen konuya girmemi istiyorsunuz. Oysa bir bekleyeniniz mi var? Aşırı mı önemli? Bu telaşla nereye yetişiyorsunuz? Peki, sadede geleyim. Londra'dayken, görevlilerin pasaport kontrolü sırasında yolcuları çok beklettiklerini, işlerini çok yavaş yaptıklarını fark etmiştim. İçimden, "Türkiye'de olsam, hızlı hızlı hallolurdu işlerim," diye düşünmüştüm. Türk toplumunun pratikliğini övgüyle anmıştım. Ancak teknolojinin de yardımıyla her şeyin hızlı halledilmesi, acaba bizi ikili ilişkilerimizde ne hale getiriyor?

Günümüzde, hayatımızdaki her şeyin hemen olmasını istiyoruz. Biriyle konuşmaya başladıysak, ikinci görüşmede her şey belli olsun istiyoruz. Hemen önümüzü görelim, olacaksa olsun, olmayacaksa olmasın diyoruz. Sonuçta "vakit kaybedemeyiz", öyle değil mi? Ama emek nerede? Emek ortada yok, çünkü onun "zaman"la yan yana yürüdüğünü düşünen de yok.

Teknolojinin de etkisiyle varoluşsal bir zaman kaygısıyla yaşıyoruz.

Ben, ilişkideki zaman algısında insanların kaçtığı şeyin belirsizlik olduğuna inanırdım ama beklemekten ve sabretmekten kaçıyorlarmış meğer. Çünkü "hızlıca geç" ve "fragmanı atla" gibi butonlarla video izleyen insanlar, ilişkilerinde de fragmanı atlamak, hızlıca sadede gelmek istiyor, her şeyin hemen hallolmasını ve asla zaman kaybetmemeyi arzuluyorlar.

Emeğin bağlayıcı gücünü görmezden gelip sadece zaman kaybetmediğini düşünen bu tür insanlar, sonunda hızla birbirlerini de kaybediyorlar.

BABALAR tanrılaştırılıyor Türkiye'de. Babalar tanrı değildir, her söyledikleri doğru da değildir. Geneli ataerkildir, aşırı muhafazakârdır. İstemeden de olsa kadınları ezer, erkek çocuklarını kaba yetiştirirler. Babaları eleştirmeden, toplum değişemez diye düşünüyorum. Önce bazı babalar değişmeliler. Dilde de baba daha korunmuş bir yerdedir zaten. Örneğin, hep anneye küfredilir. Futbol maçlarında, tribünlerde edilen küfürlerde bile kadınlar ve eşcinseller hedeftir. Ancak babalar işe karıştırılmaz. Erkeklik ve baba olmak kutsaldır, diğer her şey üzerine küfredilebilir gibi bir algı yerleşmiştir. Kadınların önünde de daha en başından evdeki babaları vardır. Babalar, duvar gibi durur kız çocuklarının önünde. Şanslı kadınlar o duvarı bazen şefkatle kendileri yıkarlar, bazen annelerinin yardımıyla bir çıkış bulurlar. Babalar set çekmeyi bırakmadıkça kadınlar özgürleşemez ve sanıldığının aksine o setleri aşma isteği saygısızlık değildir. Bu yüzden babaların söyledikleri de sorgulanmalı, bazısı onaylanmalı, bazısı onaylanmamalı. Hatta gerekirse toplumun hafızasına yerleşmiş eski ve engelleyici fikirler toptan yıkılmalı. Ancak böyle "birey" olunabilir. Ancak böyle özgürleşebilir insan.

KADINLARA kapıları neden hep erkekler açar? Mesela ben hiçbir kadının incelik yapıp bir erkeğe kapı açtığını görmedim. Neden kadınlar bunu yapmaz? Bana da yapıldığını hiç hatırlamıyorum. Doğu toplumunda da Batı toplumunda da, bu böyle...
Orta Doğu'da muhtemelen daha az rastlanılan bir durum bu. Çünkü erkek daha "kontrolcü" olduğu için arabanın sürücü koltuğunda oturur ve kadın için koltuğundan inmez. Herhangi bir yere giderken de dikkat edin, arabayı hep erkekler sürer. Kadın (genelde kontrol edilen) yan koltuğa oturur ve arabadan kendi başına iner. Erkek bu kapı açma hareketini yaparsa da adı "incelik" olur. Ne garip, birbirimize yaptığımız "incelikler", "düşünceli hareketler" bile cinsiyetlendirilmiş. İnsan bazen her hareketin, her tavrın kökenine inmeye çalıştığında karşılaştığı anlamlarla hayrete düşüyor.

KENDİMİZİ her gün sevebilmek mümkün mü? Ben bunu çok mümkün görmüyorum. Çünkü her gün başka bir dünyaya uyanırken, kendimize de başka türlü uyanıyoruz. Her sabah dünyayı sevmediğimiz gibi, her gün kendimizi de sevemeyebiliriz.

Ancak ben bu soruyu, özellikle ilişki yaşayan insanlara da sormak isterim. Çünkü ilişkide olmak, kendimize olan bakış açımızın çok sallandığı bir durum olabiliyor.

Ataerkil toplumlarda, heteroseksüel ilişkilerdeki eşitsizlikler cinsiyet eşitsizliğini büyütürken, özellikle kadın cinsiyetini etkiliyor ve kadınların "kendini sevmeme" üzerine daha çok yoğunlaşmalarına sebep oluyor. Tabii bu his erkeklerde de var ancak derinleşmiş "kendini sevmeme" hâlini kadınlarda daha yaygın buluyorum. Eşcinsel ilişkilerse, araştırmalara göre daha eşit şekilde yaşanıyor.

Peki kendimizi sevmemek de aynaya bakıp kendimizi sevdiğimizi söylemek gibi bir yüzleşme mi? Kimileri için belki öyledir ancak kendimizi sevmediğimizi asıl ilişkideyken karşı tarafın hareketlerinden okuyabiliriz. Çünkü karşımızdaki, aynı zamanda kendimizle olan ilişkimizin yansımasıdır.

Örneğin üslup. Eğer biri size argo kelimeler sarf ediyorsa ve siz bunu komikleştirerek karşılıyorsanız, "espri" bir zaman sonra sessizce "değersizleşmenize" doğru kayıp gider.

Ya da biri size zaman ayırmıyorsa ve siz "Çok işi var," diyerek ona sürekli ayrıcalık tanıyorsanız, bu bir zaman sonra yine kendinizi değersizleştirmenize neden olur. Çünkü o ayrıcalıklar ilişkide sizi siler, yerinize de sadece karşınızdakini ve onun isteklerini koyar. Tüm kontrolü karşınızdakine verir; bu da size kendinizi unutturur.

Yani karşımızdakilerin üslupsuzluğunu, umursamazlığını onayladıkça, kendimize "seni sevmiyorum" demenin başka yollarını buluruz. Bunu, kendimize başkasının davranışları üzerinden anlatmış oluruz.
Kendimizi sevelim ama nasıl? Değerimizi bilelim ama ne şekilde?
İşte, tüm bunlara izin vermeyerek, "Ben bunu hak etmiyorum," diyerek, kendimize hak ettiklerimizi ve asıl istediklerimizi hatırlatarak, kendimize uyanarak...
Kendini sevmenin, tüm değersizliklerden uzak, çok güzel ve aydınlık yolları var...

"KENDİN OL!" diyerek her gün nasihatta bulunanlardan da öyle sıkıldım ki! Evet biliyorum; kendime doğru, merdivenlerden aşağıya iner gibi inmeliyim. Ancak şunu kaçırıyor bazısı: Ben, zaman zaman "kendim" değil "başkası" da olabilirim. Kendim olmak bazen yetmeyebilir başkasına dönüşebilirim. "Kendime gelmem" önemli elbette ama neden "kendinden fersah fersah uzaklara gitmenin" önemini düşünmeyeyim?

ESKİDEN kadınlar da erkekler de kendi evlerine ancak "evlendikleri zaman" çıkabilirlermiş. Eskiden diyorum ama bu birkaç değişiklik dışında hâlâ devam ediyor Türkiye'de...
Şimdilerde, erkeğin kendi evine çıkması için maddi güce sahip olması yeterliyken (oğlum elin ekmek tutsun diyen babalar), kadının evlilik yapma şartı (kocan olunca onunla rahat rahat yaşarsın diyen teyzeler) hâlâ devam etmiyor mu sizce de? Ayrı eve çıkmak aslında "kendi kimliğine çıkmak" demek. Ailen olmadan kendi kimliğini görmen, keşfetmen demek. Çünkü bazısı için ayrı eve çıkamamak, "aileyle aynı yerde durup, hayatı oradan görmek, sadece o eksende düşünmek" demek. Bu da, karakterin keşfini, dış dünyanın keşfini, farklı fikirlerin keşfini, ilişkilerin keşfini ve cinselliğin keşfini baltalıyor. Ekonomik krizlerin ve ev kiralarının yükü yüzünden artık daha da zorlaştı ayrı eve çıkmak. Daha çok kadın ve erkek aileye bağımlı halde. Ve ben geçenlerde bir kadının ağzından şöyle bir cümle duydum: "Evden gitmek için evlenmek zorundayım. Başka çarem yok."
Bütün bunları çok üzücü bulurken, kadınların kendi maddi güçleri olsa dahi, ailelerin kızlarının yanında hep bir "erkek" görmek istediklerini de gözlemliyorum.
Yani kadın, ya babanın gözetiminde olacak, ya da kocanın. Aileler bunu istiyor. Toplum bunu talep ediyor.
Peki, ben de şunu soruyorum: "Kadınlar hiç gözetilmeden yaşayamayacaklar mı?"

BUGÜN şeriat hayali olan biriyle görüştüm. Bana hayaline dair bazı şeyler anlattı. Ben modern ve çağdaş düşünceleri olan biri olarak, onun fikirlerine çok uzak olsam da anlattığı her şeyi dinledim. Onunla konuşurken, dünyanın çoğu yerinde insanların unuttuğu bir şeyi yaptığımı fark ettim; yani dinlemeyi. O bana kızını ve oğlunu büyütürken nasıl farklı yollar izlediğini anlattı. Ben bunu ayrımcı bulduğumu söyledim, eşitlikçi düşüncelerimden bahsettim. Daha sonra o bana kadın ve LGBTİ+ haklarını savunup savunmadığımı sordu, ben "Tabii ki," dedikten sonra beni anlayışla karşıladı. Sonra ben ona "Oğlunuz eşcinsel olursa ne yaparsınız?" diye sordum. Bana "Hiçbir şey yapmam, dua ederim," dedi. Türkiye'de insan haklarının durumunu sorduğumda, "Bence ülkemizde her şey çok iyi, kötü giden şeyler de iyi olacak sabredelim," dedi.
Ben de, kendi politik düşüncelerime göre yorumlar yaptıktan sonra sohbetimizin sonuna geldik. O benimle konuştuğu için mutluydu, ben de onunla konuştuğum için... Ne ben onu zorladım ne de o beni. Sınırlarımızı aştığımız yerdeydik bu parçalanmış dünyada.
Her insanın ötekileştirilip, ait olduğu parçalara ayrılarak algılandığı bir toplumda "dinlemek" günümüz insanının bilmediği, bilmek istemediği tek şey.
Ben, yaşadığım çağa kendimce en büyük meydan okumayı yaparak herkesi dinlemeye çalışıyorum. Bana en uzak olanı da bana en yakın olanı da aynı dikkatle...
Belki de herkes böyle yapmalı hayatın bir noktasında. Herkes "en tahammül edemediği" fikri dinlemeli ki herkesi "görebilsin" ve böylece yaşamı çeşitliliğiyle kavrayıp kucaklayabilsin.

ANLATMAK ve anlaşılmak aynı şey olsaydı keşke.

KÜÇÜKKEN babam beni görünce, tutup havaya kaldırır, daha sonra da kucağına alırdı. Başımı hafifçe onun omuzuna yaslar, dünyamı bir süreliğine onun ayaklarının alacağı kararlara bırakırdım. Böylece yürüdüğümüz yolun manzarasına onun omuzundan bakar, bunun keyfini çıkarır, "bana hiç kötü bir şey olmaz" inancıyla iyi hissederdim.

"Birinin omuzunda ağlamak," çok önemlidir kültürümüzde. Veya birinin omuzuna yaslanmak, oradan dünyaya bakmak, aşkın göstergelerindendir bizim için; güvenin bir aşamasıdır.

Sanırım kendimize güçlü bir omuzu, daha küçük yaşlarda arayıp buluyoruz. Annemizin, babamızın, kardeşlerimizin kucaklarından, onların omuzlarına olan seyahatimizle büyümeye doğru yol alıyoruz.

Bu bildik hikâye, yetişkin olup aşkla tanıştığımızda, ihtiyaç halinde tekrar depreşiyor ve sevdiklerimizin omuzlarına yaslanırken, onları da kendi içimizdeki en güvenilir limanlara yerleştirmeye çalışıyoruz.

Böylece omuz, sadece vücudumuzun bir bölgesi olmaktan çıkıyor; bir huzur limanı, bir sığınak, bir aşk göstergesi haline geliyor.

Ne garip değil mi? İnsanların vücutları bile konu sevgi olunca ortak bir dilde konuşuyor...

DİNİ İNANCI olmayan bir arkadaşımın, "Benim hiç başörtülü arkadaşım olmadı. Onları habersizce kendimden öteye mi itiyorum?" deyip kendisini sorguladığına tanık olmuştum. Çok hoşuma gitmişti... Toplumsal hareketliliklerimiz, pandemiyle beraber iyice kısıtlanırken, kutuplaşmamız ve birbirimizden uzaklaşmamız daha da çoğalıyor. Ve bu süreçte etrafımız ne kadar çok bize benziyorsa, ne kadar bizimle aynı düşünüyorsa, düşüncelerimizde o kadar kısırlaşıyoruz. Dünyayı "başka türlü" görmekte zorlanıyoruz.

Her ne kadar küreselleşen bir dünyada yaşadığımıza inansak da, gittiğimiz mekânların bile kimlikleriyle politikleştiği, ağırlamak istemediği gruplara, kimliklere, sınıflara karşı "Buraya girmezseniz iyi olur," der gibi âdeta gizlice konuştuğu bir dünyadayız. Belki de birbirimizi görebildiğimiz, özgür ve ortak diyebileceğimiz tek alan olarak geriye sadece toplu taşıma kaldı.

Tüm bunlar yaşanırken sormak istiyorum: Acaba kaç Türk milliyetçisinin Kürt bir tanıdığı var? Kaç tane İslamcı, eşcinsel bir dosta sahip? Toplumda sağcıyla solcu aynı masada keyifle ne kadar siyaset tartışabiliyor ya da birbirini kırmadan ne kadar bir araya gelebiliyor? Akademisyenler, en cahil bulduğu kesime toplum içinde ne kadar yakın duruyor? Kendimizi kitapla, filmle ve seyahatle geliştirmek elbette mümkün ama kendi içimizde yarattığımız ötekilerle bir araya gelmeden nasıl aşabiliriz sınırlarımızı? Tüm farklılıklar birbirini "görmeden" nasıl huzurlu bir toplum yaratılabilir? Birbirimizle karşılaşmıyoruz bile artık, sadece benzerimizle rastlaşıyoruz... Herkesin düşünmesi gerekiyor tüm bunları ve belki de ısrarla sorması gerekiyor kendisine: "Neden başörtülü, trans, eşcinsel, Kürt, Hristiyan bir arkadaşım yok?" diye... Bazen bizi kutuplaştıranlar kadar biz de sorumluyuz bu uzaklaşmalardan; kutuplaşmamızı isteyenlere istediklerini verdiğimiz ve hiç sorgulamadığımız için sorumluyuz.

DÜNYAYI aynılaştırarak mı mutlu yaşar bir insan, yoksa farklılaştırarak mı kendisini aşar?

EVLİ İNSANLARIN, bekâr olanlara (yani eksik bulduğuna) "darısı başına" demesi, evliliğin herkes tarafından arzulandığına dair tuhaf bir inancı durmadan üretiyor. Oysa herkes evlenmek istemiyor, herkes çocuk yapmak istemiyor ve herkes mutluluğu evlilikte aramıyor. "Nikâhta keramet vardır," ve "Bekârlık sultanlıktır," diyenlerin arasında sıkışıp kalmış bir toplumda yaşasak da "darısı başına" tabiri aslında mutluluğun toplumlar için hâlâ "evlilikle elde edilen bir duygu" olduğunu gösteriyor. Evlenmemiş olanın eksik, mutsuz ve yarım olduğu yargısı durmadan bu söylemlerle üretiliyor. Oysa bu inanışlar, modern toplumlarda artık "herkese" uymuyor. Çünkü modern insan, evliliğe farklı bakış açıları geliştiriyor, geleneksel düşünceleri ve muhafazakâr inanışları daha fazla sorguluyor...

"BİRİNİ BULAMADIN MI?" sorusunu çok ilginç buluyorum. Bizim toplumumuza göre aşk "bulunan" bir şey. Aşk sana "gelen" ya da senin "rastlayabileceğin" bir şey değil. Senin gidip onu bulman gerek. Oysa aşkı illa bulmak gerekmez. İnsan ona yakalanabilir, onu görebilir, birdenbire onun içine düşebilir. Bazı duygular dilden daha büyük, insan birçok kelimeyle aynı duyguyu tanımlayabilir...

TÜRKİYE'DE ERKEKLERİN çoğunun omuzlarında "erkeklik" yükü var. Bu tarihten gelen, kuşaktan kuşağa aktarılan bir yük. Maskulen olmak, zengin olmayı hedeflemek, duygularını gizlemek, heteroseksüel olmak, spor yapmak, Müslüman olmak, çok geçmeden aileye ya da sevgiliye sahip olmak, maça gitmek, taraftar olmak, homofobik olmak, milliyetçi olmak, asla yenilmemek... Erkekler ister istemez bunlarla oluşturuyorlar kimliklerini, dışına çıkmaktan da çok korkuyorlar.
Bu, bazılarında kimlik krizine neden oluyor diye düşünüyorum. Çünkü insanın bu kadar şeye uyum göstermesi ve hepsinin yükünü taşıması gerçekten çok zor.
Bazısından vazgeçmesi, bazısını esnetmesi gerekir. Sorumluluk sıkıştırdıkça bu sıkışma doğal olarak ilişkilerine de yansıyor. Öteki taraftan, cinsellik konusu da hâlâ sıkıntılı. Bunu hem konuşmak ve yaşamak istiyorlar; hem de hiç yaşamamış bir kadınla paylaşmayı arzuluyorlar. Hatta cinselliği konuşabilen kadını tuhaf buluyorlar.
Bu kriz nasıl çözülecek? Bekâret tabusu, erkeklik ve kadınlık algısı hakkında konuşarak. Esnetip, değiştirerek. Normalleri ve normları yeniden tanımlayarak.

"BENİMLE ÇIKAR MISIN?" veya "Benimle sevgili olur musun?" soruları, ben lisedeyken çok kullanılırdı. Peki şimdi bu sorular neredeler, nereye gittiler? Ben moderniteyle beraber, ilişkilerin başında sorulan soruların zamanla küçümsendiğini gözlemledim. Ama aslında küçümsenen şey tabii ki sadece bir soru sorma biçimi değildi. Asıl küçümsenen şey, "ilişkilerdi." Yüceltilen şeyse "yalnızlık" ve aşırıya kaçan bireyselleşme. İlişkiler artık "yüzeysel" bir hâl aldı, çoğu derinlikten uzak. Örneğin, eskiden, önce birini tanımaya çalışırdın, zamanla da ondan hoşlandığını anlardın. Oysa şimdi, dijital platformlar bu ekseni kaydırdı ve sıralamayı "önce beğeniye" hatta belki de "önce cinselliğe" daha sonra gerekirse "tanımaya" şeklinde değiştirdi.
Postmodern krizlerden biri olarak gördüğüm bu "ilişkilenme" biçimleri genelde erkekler tarafından, "Türk kızı gibi," ifadesi kullanılıp, kadınların ilişki isteği bayağılaştırılarak, küçümsenerek şekillendiriliyor. Böylece kadınların duyguları bastırtılıyor.
"Kezban mısın?" denilerek duygular anormalleştiriliyor, bireyler marjinalleştiriliyor.
Herkes, "İlişkiye çok meraklıymışsın gibi durma," diyor birbirine. "Evliliğe çok meraklıymışsın gibi davranma," diyor. Bu bir "-mış gibi yapma" meselesi de değil; bu birini duygularını bastırmaya ve gizlemeye yönlendirme meselesi.
Bu yüzden, bence kadınlar da erkekler de ilişki istediklerinde bunu açıkça söyleyebilmeli. İlişki istediği için hor görülen insanlar yalnızlaştırılıyorlar ve yalnızlığın içine hapsediliyorlar. Bunu fark etmedikçe, bu tehlike ileriki yıllarda çoğalarak büyüyecek ve geriye yapayalnız bir toplum kalacak.

BAŞÖRTÜLÜ KADINLARIN iki tane görünür mücadelesi var. Birincisi, Müslüman erkeklere ve bazı Müslüman kadınlara karşı. Çünkü bazı Müslüman erkekler ve kadınlar, başörtülü kadınların yoga yapamayacağına, makyaj yapamayacağına, spora gidemeyeceğine, asla flört edemeyeceğine inanıyor. Bunlardan herhangi birini yaptığı zaman da onu dışlıyor. Yani Müslüman kadınları bazen en çok dışlayan yine bazı Müslüman erkekler veya kadınlar olabiliyor.

İkinci mücadeleleri, seküler kesime karşı. Çünkü seküler kesimden de bazısı, başörtülü bir kadına bakınca, sadece başörtüsünü görüyor; aklına simgeler geliyor. Hatta bazısı başörtüsünü de bir kenara bırakıp, siyasi bir parti görüyor kadına bakınca. Hemen ön yargıda bulunuyor onun hakkında.

Bu yüzden başörtülü kadınlar, dünyanın her yerinde farklı mücadeleler veriyorlar ama mücadeleleri bir türlü bitmiyor, bitemiyor.

Kimseyi mazlumlaştırmak değil niyetim, sadece herkesin kendi doğruları için mücadeleye devam ettiğini ve mücadelenin hayatta belki de hiçbir zaman keskin bir bitişinin olamayacağını göstermek. Bazı şeyler bitti zannediliyor, oysa hayatta hiçbir şeyin bitişi bir anda mümkün değil. Çünkü bu bir süreç; ilerleyen, sürekli mücadeleyle akan ve insanı hep buna mecbur bırakan...

İNSANIN META HALİNE geldiği bir çağda, duyguların geçiştirildiği ve bastırıldığı bir dönemde, aşkın ayakta durması çok zor. Aşkı ayakta tutmak için, iki kişinin birbirine karşı duyduğu sevgi de artık yeterli değil. Çünkü günümüz insanı her taraftan uyarılıyor ve herkese sahip olmaya çalışan bir tüketim kültürü var. Bu tüketim kültürü, aşkı da cinselliği de kendi alanı dışında bırakmıyor tabii. Tüketmeye alışmış insan nasıl, "Bu sene hiçbir şey almadım," diyerek kendisini kötü hissediyorsa, âşık olamayan insan da aşk olmadığı zaman kendisini başarısız hissediyor.

"O senin kaderin, bir gün tekrar bir araya geleceksiniz," lafıyla insanların duygularını bir takıntıya sürüklemek ne kadar yaygın ve yanlışsa, "Boş ver, yenisini bulursun," diyerek aşkı iade edilip yenisiyle değiştirilen bir ürüne benzetmek ve sürekli "yeni" olandan medet ummak da o kadar yanlış geliyor bana. Zaten fark ediyorsunuzdur ki, "yeni" hiç bitmiyor, sürekli üretiliyor. Yeni diziler, yeni platformlar, yeni uygulamalar, yeni telefonlar, yeni arabalar, yeni aşklar... "Yeni"nin üzerimizdeki bu hâkimiyeti, ilişkileri birden "eskitiveriyor" veya aşkın parıltısını azaltıyor.

Yani günümüzde aşk, tüketmek ve korumak arasında, bir uçtan diğer uca sallanıp duruyor...

"ERKEKLERİN TEK DERDİ seks! Tek istedikleri cinsellik. İstedikleri başka bir şey yok." Bu tarz cümleleri duymamış biri yoktur sanırım. Peki, hiç bu düşünce üzerine düşünüyor muyuz? Türkiye'de ve tüm dünyada yaşanan kadın cinayetleri yüzünden erkek nefretinin yükseldiğini gözlemliyorum. Nefretle iç içe geçmiş "erkekliğe" karşı güvensizlik hâkim. Bu tepkiyi de çok olağan buluyorum. Ancak toplumsal anlamda, cinsiyetler arasındaki romantik ilişkileri etkilediği kadar, dostlukları ve aile içi ilişkileri de etkiliyor diye düşünüyorum. Erkeklere daha az güvendiğimiz bir dünyada yaşıyoruz. Uzaklaşmalar, korkular, inançsızlıklar katlanarak artıyor. Baba olabilir, sevgili olabilir, abi olabilir, patron olabilir; hemen hemen herkesin erkeklere karşı bir ön yargısı var. Bu durum erkek ve kadın arasındaki uzaklığı arttırıyor; yakınlaşma yaşansa bile derinleşememeye, bağ kuramamaya sebep oluyor. Dediğim gibi bu güvensizlik hissini erkek şiddeti yüzünden olağan karşılasam da, farklı sonuçlar ve krizler doğurduğunu düşünüyorum.

Tüm bunların üstüne, hep konuşulan "erkeklerin tek derdi seks" konusu bir taraftan erkekleri kötülemeye, sınırlandırmaya ve onları damgalamaya çalışmak sayılabilirken, diğer taraftan toplumda cinsel arzuların sadece erkeklerle bağdaştırıldığının da altını tekrar çiziyor. Oysa erkeklik de bin bir türlüdür. Nasıl "Kadınlar iyi araba kullanamıyor," bir ön yargıysa, "erkeklerin tek derdi seks" demek de insanı basite indirgeyen, detaylarını yorumlamamıza izin vermeyen bir ön yargıdır. Erkek cinsiyetini, cinsellik dışında başka konuda yorumlayamamak, dilde onu sürekli bu alana sıkıştırmak ve bu alan dışında görememek, tekrar eden bir söylemi üretildikçe gerçek kılıyor da olabilir. Toplum olarak bu yorumlardan özgürleşemezsek, insanın karmaşıklığı ve derinliği üzerine düşünemezsek, bu inanışları sürdürerek birbirimizi anlamadan yaşayıp gideriz. Oysa tek bilmemiz gereken insanların yaptıklarının tek bir nedene bağlanamayacağı ve insan denilen varlığın sanıldığından çok daha karmaşık olduğudur.

ÖLMÜŞ BİR KADINDAN MEKTUP:

Ben ölmüş bir kadınım. Okumuşsunuzdur belki haberimi, eğer yazmaya değer buldularsa. Haberimin ses getireceğini düşünmüşlerse, ancak o zaman atmışlardır adımı manşetlere, o zaman düşürmüşlerdir bir fotoğrafımı gazete kâğıdına ya da ekranlarınıza. Yan sokağınızda ölmüşsem eğer, o zaman duymuşsunuzdur belki bir kapının ardında konuşulurken. Ya da kahveli sigaralı sohbetinizin ortasında düşmüşümdür masanıza, tadınızı kaçırmışımdır; sigaranızın dumanı odayı doldururken, haberim de içinizi doldurmuştur o an. Belki orospu olduğum için öldürülmüşümdür size göre, belki Allah'ın belası yuva yıkan bir kadın olduğum için; belki de hak etmişimdir açık giyindiğim için cinayetimi. Vardır bir nedeni değil mi? İlla ki... Suçluyumdur, yapmışımdır cinayete sebep olacak bir şey. Sonra sindirmişsinizdir haberi, bir "ah" eşlik etmiştir size eğer şanslıysam. Ya da televizyonda kanal değiştirdiyseniz hemen, kumandanız yardım etmiştir beni çabuk unutmanıza. Ya da dışarıda bir yerdeyseniz, masadaki arkadaşınız değiştirmiştir konuyu, uçuruvermiştir beni aklınızdan. Aman, tadınız kaçmasın. Yok mu yarışma falan televizyonda, açsanıza? Kime oy vereceksiniz akşama?

Hem zaten nereden tanıyacaksınız beni? Uzaktayım ben, sizden çok uzakta. Cennette mi, cehennemde miyim sizce? Muhtemelen cehennemdeyimdir birçoğunuz için; orayı layık görürsünüz bana. Ama birinin annesiydim ben, birinin kızı, birinin hayat arkadaşı. Ya da, bunların hiçbiriydim! Sadece insandım, cinsiyetimden ve sizin cinsiyetimle ilgili çarpık algılarınızdan çok daha önce. Biliyorum, hâlâ tadınızı kaçırıyorum ama bir şarkı mı açsanız acaba, havanız yerine gelse birkaç dakikalığına? Ben ölmüş bir kadınım. Yarın da öleceğim muhtemelen, siz cehennemi öbür dünyada zannetmeye devam ederken...

Bugün, bir başka kadın erkek şiddetini kanıyla yazmış yere. Siz onun haberini de geçmişsinizdir gerçi, hep aynı şeyler, hep içinizi sıkan haberler, haklısınız, içiniz şişmiştir vallahi. Ya da duyduysanız kaç dakika konuşmuşsunuzdur durun tahmin edeyim, 3 mü yoksa 5 mi? Neyse, yok mu şöyle sevdiğiniz oyuncudan bir magazin haberi?

Biz kadınlar öldürülüyoruz, peki neden?
Sırf kadınız diye mi?
Zorbalıktan kaçamıyoruz diye mi?
Algılardan, yakıştırmalardan, törelerden, namus takıntılı hasta kafalardan korunamıyoruz diye mi?
Özgürlüğümüzü talep ediyoruz diye mi?
Şiddetten bıktık diye mi?
Kolay hedef sayılıyoruz diye mi?
Yaşam hakkı istiyoruz diye mi?
Niye?

Ben, ölmüş bir kadınım. Okumuşsunuzdur belki haberimi, eğer yazmaya değer buldularsa. Yine ve yine öldürdüler birini. Korkmadan, kanın çığlığını bile duymadan. Ayrıntıları da yazmışlardır belki, merak edip sordularsa...
Artık susayım, iyice bıktınız değil mi? Yok mu şöyle bir komedi filmi, açıp izleyin de iyi etsin biraz üç dakika gerilen sinirlerinizi. İzleyin, kafanızı dağıtın, hiç sorgulamadan uyuyun bu gece, yarına kadar da unutun olanı biteni.
Yarınki habere kadar iyi geceler olsun.
İnsan olmak bu kadar kolay mı sahi?

SURİYE'DE, Halep'in yıkıntısından sonra, El-Şah mahallesinde pipo içip, plak dinleyen 70 yaşındaki Mohammed Mohiedin Anis'in gözünden dünya nasıl bir yerdir? O müzik kulağına hangi tonda geliyordur? Renkler nasıl görünüyordur? Kararmış mıdır dünya? Onun kafasına girmek, onun ağzıyla o pipoyu içmek, onun dilinden dünyayı anlamlandırıp görmek isterdim... Aynı dünyadayız ama hiçbirimizin gördüğü aynı dünya değil. Bu yüzden ben hep "ötekilerle" bağ kuruyorum; hep dışlananları, garipleri, ilginçleri, zor durumda bırakılanları, "anormal" denilenleri, hor görülenleri, yersiz yurtsuzları, aidiyetsizleri, toplumun ötelediklerini merak ediyorum... Sıradanlar, her şeye uyum gösterenler, güce tapanlar ilgimi çekmiyor hiç; başkaldıranı, farklı olanı, mücadele edeni seviyorum...

Sözcükler Yan Yana Gelince

"Her sözcüğün kendi kokusu vardır; bir uyumu ve uyumsuzluğu vardır kokuların da, sözcüklerin de."
F. Nietzsche.

Stefan Zweig, *Bilinmeyen Bir Kadının Mektubu* adlı kitabında, sözcükler hakkında, "Beni teselli edecekler ve birtakım sözcükler söyleyecekler, sözcükler, sözcükler; fakat ne yardımı dokunabilir ki sözcüklerin bana," demiştir. Okuyunca kıymetli bulmuştum bu cümleyi, sözcüklerin yardımının dokunup dokunmadığı fikri üzerine düşünmeyi...
Peki sözcükler bizi nerelere götürür? Bizi özgürleştirir mi yoksa kısıtlayıp parçalar mı? Ben de bunu sorguluyorum. Çünkü bazen insanın varlığı sözcüklerden oluşmuş gibi geliyor bana. Bazı insanlar en sevdiği kelimeyi giyer üzerine, onu ömür boyu taşır; bazıları da üzerindekinden soyunur, başka bir kelimeyi dener. Kimileri de, aslında hiç sevmediği ama başkasının ona giydirdiği sözcüğün büyüsünde yıllarca bir kâbusu yaşar durur. Sözcükler sadece bunu yapmaz; "güzel" ve "çirkin" gibi zıtlıklarla, "iyi" ve "kötü" gibi ayrımlarla ileri geri hareket ettirir dünyayı. Bütün hayatımız boyunca, hem kendimize hem de yaşamın içine doğru yürürken bizi sırtında taşır her biri...
Sözcükler hem özgürleştirir, hem de hapseder. Çünkü bazen "iyi" dediğimiz iyilikten çok uzakken, "kötü" dediğimiz iyiye yakın olur. Sözcükler hayatımıza anlamlarla bir güzergâh

çizer, bizi bize gösterir ya da bizi bizden saklar. Hayattaki uğrak yollarımızı belirlediği gibi, hiç geçmeyeceğimiz sapakları da belirler. Anadilin anne ve çocuk üzerindeki etkisi gibi büyüleyicidir kelimeler... Ve elbette anlamları var etmek, onları ilişkilendirmek için sözcüklere ihtiyacımız var. Onlar olmadan bir hiç yaşamlarımız, birbirimizde gördüklerimiz ve daldığımız rüyalarımız...

Bu yüzden, yan yana dizdiğimiz kelimeleri çok önemsiyorum. Fikirlerimizi sözcüklerle başkasının ellerine bırakıyor, her şeyi sözcüklerle birbirimize taşıyoruz. Zedeleyici sözcüklerin bizi mahvetmesi gibi, başkasına taşıdığımız kötü sözcüklerin de tahrip ediciliğini konuşmayı gerekli buluyorum. Çünkü biliyorum ki, sesi irkilten, tonu korkutan, rengi zifirî siyah, kaldırması da epey ağır kelimeler var yaşamın içinde... Biraz da bu yüzden, sesi güzel, tonu yumuşak, rengi beyaz, yükü hafif kelimeler taşımaya çalışıyorum insanlara.

O hâlde, güzel sözcükleri seçip, onları yan yana dizelim.

Hem kendimiz, hem ötekimiz için.

Onları yan yana dizelim ki yan yana dizilebilelim.

KELİMELER elinizden tutar, sizi kurtarır; bazen de uçurumdan aşağı yuvarlar. Kelimeler, yaşamımızın mimarı, anlarımızın ve anlamlarımızın doğduğu yerdir.

İnsan onları özenle seçmeli; bazısına yakın, bazısına mesafeli durmalı.

KONUŞAMADIĞIMIZ ŞEYLERİ her zaman dinlemeliyiz. Çünkü genelde konuştuklarımızdan daha çok şey anlatırlar. Peki, sustuklarımız nereye gidiyorlar?

UYURKEN gözlerimizi kapamıyoruz aslında, aksine daha fazlasını görmeye açıyoruz. Bilinçaltımızı, sakladıklarımızı, gizlerimizi, uçurumlarımızı...

EN ÇOK KONUŞAN eylemlerimiz aslında, birbirimize söylediklerimiz hep en sessiz olan.

"ÖZLEMEK" diye bir kelimeyi hiç bilmemiş olsaydık, daha az özler miydik? Kelimeler, dünyamızı şekillendirip yaşamımıza hükmediyorlar.

ACILAR bile sınıflandırılıyorlar. Acılar hiyerarşisinde bazı acılar küçük görülüyor, bazıları daha büyük; bazıları daha kıymetli, bazıları daha önemsiz. "Buna mı üzülüyorsun?" derler mesela. "Evet, tam da buna üzülüyorum," demek ister insan karşılığında. Çünkü senin üzülmediğin, benim hüznüm; senin boş verdiğin, benim önemsediğim ve kırıldığım.

MUTLULUĞUN acı çektikten sonra geleceğine inanmak, onu zor ulaşılabilir bir his yapıyor olabilir. Oysa mutluluğu detaylara yaymak ve kolaylaştırmak gerekli hayatta. Mutluluğunu, bağladığı zincirlerden koparmalı insan, özgür bırakmalı her fırsatta.

DİL, insanları boğabilir. Hatta biz bile ilk önce dilde boğarız birbirimizi.

ÜZÜLMEKTEN KORKMAK, üzülmenin kendisinden daha kötü. Çünkü o korku, kendini yalnızlaştırmak, insanlardan uzaklaşmak, hayatı ve kendini keşfedememek demek aynı zamanda. Oysa hayat, üzüntüyü ve sevinci beraber taşıyor sırtında ve sırf üzülmemek uğruna en önemli şeyi kaçırmamalı insan; yaşamayı teğet geçmemeli yaşamda...

BAŞARISIZLIĞI da kutlamak gerekir. Kaybetmeyi, bir şeyleri doğru yapamamayı da... Bu, insanın başarısız olmayı ve kaybetmeyi yüceltmesi değil, kendisine fazla yüklenmemesi gerektiğini hatırlamasıdır. Tüm halleriyle kucaklaşmasıdır. Bizi en çok kucaklayamadığımız hallerimiz mahveder.

"ANNEMİ VE BABAMI üzmek istemem," değişik bir cümle benim için. Çünkü annesini ve babasını üzmek istemeyenler, genelde kendilerini üzerler. Onları bazen üzebilirim, çünkü onlara hiçbir zaman kusursuz biri olma sözü vermedim. Zaten herhangi bir konuda benim için üzülüyorlarsa, bu, beni idealize ettikleri şekilde görmedikleri içindir. Oysa ben kimsenin hayalinin sorumlusu değilim, başkalarının hayallerini gerçekleştirmek zorunda da değilim. Benim kendi hayallerim var ve onların hepsi bana dair olmalı.

BAZI ŞEYLERİ geride bırakmış olma duygusunu seviyorum. Bakıyorsun, o şeyler hâlâ oradalar; ama sen artık orada değilsin.

İNSANIN YANLIŞLARLA nereye yürüdüğü çok önemli mesele. Bazısı yanlışlarla mahvolmaya gider, bazısı doğruları öğrenmeye...

İYİ NİYETLER korkusuzca kötü niyet barındırabilir içinde. İyilik, bazen bir yanılsamadır.

İNCİNEN taraflarımız hep iyileşmenin peşinde.
Ama iyileşmek her zaman incitenin mi elinde?

BİR ŞEYİ BİTİRİRKEN, bir diğerini başlatıyoruz başka bir zaman diliminde. Bir olaya ağlarken, güleceğimiz ana hazırlanıyoruz yavaş yavaş. Hikâyesi noktalandığı için bırakıp gitmek zorunda kaldığımız insanlar sayesinde bir başkası bize doğru yola çıkmaya hazırlanıyor. Yeni bir hikâyeyi okumaya hazırlanıyoruz biz de. Daima döngüdeyiz. Döngü de hep bir adım ötemizde.

KENDİMİZE başkalarının gözünden baktığımızda, hep farklı şeyler görürüz. Çünkü kimi bizde çirkinlik görür, kimi güzellik. Kimi günahlar görür, onları yerleştirir bedenimize; kimi iyilikleri, sevapları giydirir üstümüze. Yaşamımızı öyle çok "başkasının gözü" üzerinden ilerletiriz ki, en sonunda asıl sahip olduğumuz gözlerimiz kör olur kendimize. Görmeyi unuturuz vakit ilerledikçe... Başkalarının tutsağı olmuşuzdur çoktan... Onlar ne görürse, biz de ona dönüşürüz zamanla, istemsizce.

BİRİNİ DİNLEMEKLE onu anlamak aynı şey olsun isterdim.

YAŞAM gürültülü sessizliklerle dolu. Bu yüzden konuşmamak, sessizlik değil, aksine en çok konuştuğumuz zamanlardır. Sessizliğin dili olmadığını düşünenler ne çok yanılıyorlar...

ASIL KUSUR, kusursuzluğun kendisinde. Bu yüzden kusursuz bir hayat ya da insan arayanlar, aradıkları şey konusunda daima yanılgıdalar.

HER İNSAN BİR HİKÂYE ama her insan her zaman aydınlık değil. Bir tarafının ışıkları hep kapalı, orası hep gece. Bu yüzden herkesin kendisine bile bahsedemediği hüzünleri, kırgınlıkları, görülmesini istemediği tarafları var. Birine bir söz söylemeden önce, onun da en az kendimiz kadar zorlu bir hayat mücadelesi içinde olduğunu, kendi hikâyesini mutlu kılmaya çalıştığını unutmamalı. Çünkü görüntümüz, sadece göstermek istediğimiz tarafımız. Gerisi hikâyemizde saklı.

GEÇMİŞLERİNDE sevilmeyi yeterince hissedememiş bazı kişiler, aşkta da, dostlukta da sevildikleri yerleri değil, sevilmedikleri yerleri tercih ediyorlar. Kendilerini sevilmedikleri yerlerde daha rahat hissediyorlar. Sevgisizlikle yaşamayı, sevgiyi kazanma uğraşından daha zahmetsiz görüp, ezberlerini değiştirmek yerine sevilmemeye razı geliyorlar.

BAŞKASINA BAĞLANMAK; kendinden kopmak, başkasının yanında olmak, kendini terk etmek, başkasını anlamaya çalışmak, kendini anlamayı bırakmak olmamalı.

HERKESİ bir süre kendi haline bıraktığında, kimin seni bırakmak istemediğini göreceksin.

UMUDU yanlış insana beslemek, insanı zehirler.

SADECE YAŞIYORUM.
Kimini zamana bırakarak, kimini zamanla bırakarak.

İYİLİĞİMİZİ düşünen birinin, kendi doğrusunu başkasında görmektir çoğu zaman tek isteği.
Eğer özgür olmak istiyorsan, bazen en çok başkasının iyiliğinden koru kendini.

GECENİN İÇİNDE güneş aramamak gerek.

GÖRMEZDEN GELDİĞİMİZ şeyler, bizi daha çok görmek isterler. Sorunları yok saymak yerine, üzerlerine yürümek gerek. Yoksa onların üzerimize gelmesi kaçınılmaz olur.

İKİ İNSAN kaç acı uzaklıktadır birbirine?

"HAYATTA EN KORKTUĞUN ŞEY NEDİR?" sorusuna birçok insan "yalnız kalmak" diye cevap verebiliyor. Ama ben yalnızlığın doğru düzgün anlaşıldığını düşünmüyorum. Yalnızlık nedir? Tek başına yürümek mi? Tek başına uyumak mı? Sevilmeme duygusu mu? Odada duvarlarla konuşmak mı? Nedir yalnızlık? Somut bir kavram mıdır, soyut mu? Her şeyin dijitalleştiği bir çağda, ne kadar yalnızız? Teknoloji sayesinde sürekli başkalarıyla iletişim halindeyken, ne kadar alan tanıyoruz kendimize, sessizliğimize, kendimizi duymaya?

Yalnızlıktan korkuyorum derken, önce söylediğimizin derinine dalıp, orada biraz yüzmemiz gerekiyor. Gerçekten yalnızlığın ne kadarının bize kaldığını düşünmemiz gerekiyor. Hayatta da, olaylardan ve kelimelerden çok duygulardan korkuyoruz.

Eğer tek başınalığınla mutluysan, yalnızlık korkun değil kucaklayıp sarmaladığın, sevdiğin bir arkadaşın olabilir. Hem ne diyor Pessoa: "Yalnız yaşayamıyorsan, doğuştan kölesin demektir."

"KİMSEYLE HİÇBİR KONUDA yarış halinde değilim. Kimseden akıllı, kimseden güzel, kimseden iyi olma gibi bir iddiam yok. Kimse için 'en' değilim. Daha değilim. Bu devasa iddiasızlığın bana verdiği özgürlüğün hastasıyım..."
Bu cümleler çok kıymetli yazar Sabahattin Ali'ye ait.
Ben de son günlerde "daha" kelimesi üzerine düşünüyorum. Çünkü geçenlerde bir konuşmaya kulak misafiri oldum. Şöyleydi:
"Sence ben güzel miyim?"
"Güzelsin tabii ama zayıflarsan daha güzel olursun."
Duyunca ruhumda bir yerlerde duygular ezildi, içime bir fil oturdu sanki. İnsanlar artık birbirini "olduğu gibi" takdir edemiyor. Herkes, baktığı kişide kendi görmek istediklerini arıyor durmadan. Hep bir hayalin peşindeler, bir hayali sevmek istiyorlar; gerçeği değil. Geleceği sevmek istiyorlar, şimdiyi değil.
Bu yüzden "daha"lar arayıp, "olursa"lar ekliyorlar cümle aralarına.
"Daha"sız kendimiz olmak, mümkün değil mi?

İNSAN, güzel şeyler olacağına dair inancını koruduğu beyaz renkli umuduna sarılmakla, henüz bir şey olmadığını gördüğü siyah renkli dünyası arasında bekleyerek yaşar.

İYİLİĞİ BİLE sırf kendisini "iyi bir şey yapmış" hissetmek için yapan bir varlıktır insan dedikleri...

HERHANGİ bir konuda kendi bilgisizliğini kabullenmiş insanlar çok kıymetliler. Ama bilgisizken, bilgili zannedenler; işte onlar çok tehlikeliler.

UZUN SÜRE acı yaşayanlar, uzun süredir aynı yerden hayata bakanlar olabilir mi?
Belki de değişimi bilmeyenler, sadece acıyı görebiliyorlar.

MUTLU OLDUĞUMUZ yerler var. Bir de mutlu olmadığımız halde mutluluk yaratmaya çalıştığımız yerler.

HERKESİN ARADA SIRADA kurduğu, "Kimseden bir şey beklemeyeceğim," cümlesi ilgimi çekiyor... Beklentinin gerçekleşmemesi, hayata küserek beklentisiz olmayı doğururken, beklentisiz olmak da sonunda mutsuzluğu doğurur diye düşünüyorum. Çünkü başkasından hiçbir şey beklememek, kendinden çok şey talep etmeye döner ve bu sefer kendi yükümüzün altında eziliriz. Bazen de haktır beklemek, bunu da unutmamak gerek.

HER İNSAN farklı bir yanımıza seslenir, orayı doğurur.

BOŞLUKLARLA YAŞAMAYI öğrenemeyen, boşluklarla savaşmaya çalışır. Oysa, bazı odalar boş olduğunda da güzeldir. Ferahtır... İçeri girip bakarsın, kimse yoktur ama girince sen doldurursun odayı ve boşluk seninle tamamlanır.

"BANA BUNU NASIL YAPAR?" gibi sorularla oluşan beklentiler her zaman hayal kırıklığıdır bence. İnsana "yanlış yapma hakkı" verememektir. İnsanların hata yapabileceğini görememektir. Oysa her insan yanlış yapma hakkına sahiptir. Bazen yanlışlar yapılmazsa, doğru nasıl bulunabilir? Bu yüzden ben yanlış yapma hakkını savunuyorum ama yanlış yaptığını bilmeme hakkını değil.

YANLIŞ YAPAN insanlar değil, yanlış yaptığını bilmeyen insanlar tehlikeli.

İNSAN, kendisini ilk ne zaman "tanımaya" başlar? Hikâyesinin ilk kelimesini ne zaman yazar?

HAYAT bir ihtimaller deniziyken, ne kadar çok "kesinlik" o kadar çok hayal kırıklığı. O kadar boğulma tehlikesi...

HATIRALAR da ölürler.
Bıraktıkları etki ölür, size düşündürdükleri ölür... Ve geçmiş zaman ekiyle, bir cümlenin içine gömülürler.

DOĞRU VE YALAN günümüzde birbirine dolanmıştır. Sorgulanmayan her şey gizli yalanlar üzerine kurulmuştur. Yaşamlarımız, tarihin ve beraberinde kültürün bir parçasıyken, bizi sadece "yalanı devam ettirmek" için sömürür. Yalanlara öyle çok inanır ve gömülürüz ki, kulaklarımız sağır olur. Doğru söyleyeni "yalancı" yaparken, kendi hayatlarımızı bir yalan üzerine kurmaktan hiç çekinmeyiz. Kendimize yalan söyleyerek doğru bir hayat sürdüğümüzü zanneder, yanılgıya yeniliriz.

İKİ İNSANIN birbirini tamamen anlaması zor ama anlamaya dair istek duyması hiç zor değil. Zaten kötü olan her şey, anlama dair merakın zayıflığından. İki insanı ancak merak duygusu ve anlama isteği bir arada tutabilir.

"KARŞILAŞMALAR yaşanır ve biter," diye yazmıştım ama aslında hiçbir zaman bitmez... Karşılaşanların zihninde her karşılaşma saklı kalır. Karanlık odada bırakılmış eşya gibi, bir çekmecede saklı durur. Işığı açarsan görürsün onu... Ancak karıştırırsan bulursun. Yani hepimiz, birilerinin zihin odalarındayız.
Belki apaçık ortadayız, birinin aklının merkezinde; belki yokluğun derinindeyiz, birinin karanlık çekmecesinde.

DÜŞÜNMEYENLERİN cezasını hep düşünenler çekiyor. Sorgulayanlar, hep sorgulamayanlar yüzünden mutsuz.

İNSAN SORUNUNDAN kaçmayı bıraktığında sorununu da bırakmış kadar olur; tıpkı acısının nedenini fark ettiğinde ondan sıyrılabildiği gibi...

KAFASI KARIŞIK insanın kafası çalışıyordur.

HERKES KORKUYOR ama ben kafa karışıklığını çok önemsiyorum. Ne zaman kafam karışsa, anlarım ki öncekinden farklı, beni bambaşka biri yapacak yeni bir yola girdim. Kafası karışık birinin zihni aynı yerde durmuyor demektir bana göre. Bir o yana bir bu yana sallanıyor, doğruyla yanlışı el ele tutuşturup dans ettiriyor, iyiyle kötüyü baş başa bırakıyor, uyumları ve uyumsuzlukları tartıyordur içinde. Kafa karışıklığı iyidir. Nasıl başkasına karıştığımızda "aşk" doğuyorsa, kendimize karıştığımızda da içimizden yeni bir "ben" doğar. Daha iyi bir ben...

GÖRÜNENİ YARGILARIZ, görünmeyende ne olduğunu hiç merak etmeyiz. Bilmek istemeyiz, orayla bağ kurmayız. Oysa herkesin gölgeleri, karanlıkları, bilinmezlikleri vardır ve hakikatler genelde orada saklanır.

ROMANLARIMI YAZARKEN rüya görmekle çok ilgilenmiştim. Çok ilgimi çekiyordu, hâlâ çekiyor. Çünkü bazen, hayatımızda olmayanlar bile rüyalarımıza girerler. Hayatımızdan gitmiş olanlar, gittikleri yerden rüyalarımızla bize geri dönerler. Peki neden geçmişten birileri bizi ziyarete gelir? Ben gördüğümüz rüyaların birçok nedeni olduğunu düşünüyorum. En önemlisi dilin söyleyemediklerini ifade ettiğine inanıyorum. Ranciere'nin dediği gibi, "Dil her şeyi söylemeye izin vermez." O hâlde rüyalarımızla bize gelenlerden söylediklerimizi değil, biraz da söyleyemediklerimizi duyalım. Belki o zaman içimizdeki duygular rahat konuşurlar.

İNSANLARIN göstermediklerini yaşamadıklarına inanıyoruz. Üzüntüsünü kendisine bile itiraf etmekte zorlanan insan, onu bir başkasına kolayca gösterebilir mi?

KENDİSİNİN ÇOK İYİ olduğuna inanan, iyi biri değildir. Çünkü o, kendisindeki kusursuzluğa ve mükemmeliyete inanmaktadır. Oysa her insan kusurludur ve mükemmelden uzaktır. Kendi iyiliğine inanmaktan hatasını göremeyen bu insanlar, iyilikle karşısındakileri sadece boğarlar.

MUTLULUĞU VE MUTSUZLUĞU ne zaman birbirinden tamamen ayırsam, o kadar dengeden uzaklaşmış gördüm yaşamı. Ve ne zaman kelimelerle tanımlasam yaşadığım anları, o kelimelerin zıttıyla da tanıdım hayatı.

ANADİLİMİZ, hayatımızın yolunu daha doğuştan çizer.

İNSANLARI SESSİZCE köşemden izlediğimde, benim için bazı durumlarda ikiye ayrıldıklarını fark ettim: Güçlünün yanında duran "güçsüzler" ve güçsüzün yanında durabilen "güçlüler." Hayatta yanında durduklarımız, hakkımızda çok şey anlatıyor diye düşünüyorum. Fark etmeden nasıl biri olduğumuzu ortaya koyuyoruz; birbirimize gerçek yüzümüzü gösteriyoruz.

İnsanları, yanında durduklarıyla ve uzak durduklarıyla tanıyorum. Gücün ve güçlünün yanında durmak, güçlü olmak değil aksine zayıflık gibi geliyor bana. Çünkü sürekli güçlüyü haklı bulmak, onun yanında yer almak, güçlü olana "gücünü benimle paylaş" demeye benziyor, kişinin zayıflığını fısıldıyor. Oysa zayıf olanın yanında durmak, gücün altında ezileni görebilmek, güçsüzün tarafına geçebilme gücünü ortaya çıkarıyor.

Bugünün dünyasında güç öyle tuhaf bir kavram ki, tüm güçsüzleri kendi etrafında toplayıp, bize ne çok güçsüz insanla birlikte yaşadığımızı hatırlatıyor.

HERKESİN KENDİSİNİ değerli hissettiği durum farklı. Bazıları değeri kıskanıldığı zaman hissediyor, bazıları bir kavgaya son verebildiğinde, bazıları da kendisine hoş bir söz söylendiğinde... Biri hakkında, "Bana değer vermiyor," demeden önce, değeri nerede, ne şekilde görüp hissetmek istediğimizi sormalıyız kendimize. Kendimizle çok az konuşuyoruz. Karşımızdaki insan, bizim ne şekilde değerli hissedeceğimizi bilmiyorsa, bunu nasıl hissettirebilir ki?

Oysa her şeyin olduğu gibi değerli hissetmenin de bir "dili" var, yeter ki hissetmek isteyen kendisini belli etsin.

HER ZAMAN güçlü duranlar, güçsüz durmayı en çok isteyenler. Her daim güzel kalmaya çalışanlar, olduğu gibi sevildiğini duymaya en çok muhtaç olanlar. Her fırsatta mutlu gözükenlerse, maskesiz kalmaya en çok hasret duyanlar. Sadece göründüğümüzden değil, bazen görünmediğimizden ibaretiz.

BAŞKALARIYLA ARAMIZI hep konuştuklarımızın bozduğunu düşünürüz; oysa konuştuklarımız, konuşamadıklarımızı saklar içinde.

O hâlde sadece konuştuklarımıza değil, konuşamadıklarımıza da dönüp bakmalıyız bazen.

Zamanın İçinden Yazılar

Hangi Aşk?

Almanya Köln'deki bir söyleşimde dinleyiciler arasından biri aniden bana, "Hiç âşık oldunuz mu?" diye bir soru yöneltmişti. O an, bu soruya çok hazırlıksız yakalanmış olduğumu düşünmüştüm; bazılarının aşka ansızın yakalanmaya inandıkları gibi yakalanmıştım soruya. Ne diyeceğimi, soruya karşılık cevabımı nasıl vereceğimi bir türlü bilemeden, gülümsememle korkum el ele tutuşmuş suratımda dans ederlerken, ben de duygularımla fikirlerimin hengâmesinde gezinmiştim o esnada, çocuksu bir heyecan ve telaşlı göz kırpmalarıyla.

Oscar Wilde, "To define is to limit," yani "Tanımlamak, kısıtlamaktır," demiş çok uzun yıllar önce. Benim içinse, sadece birkaç sene önceye dayanıyordu bu cümlenin varlığı. Okuduğumdan beri aklımdan hiç çıkmamıştı. Çünkü aynı onun dediği gibi, aşkı tanımladıkça onu belli bir yere oturtacak, onu sadece oturttuğum o yerde görebilecek, onun dışında hissettiğim duyguları aşk olmaktan çıkaracak, tanımayacak ve bilemeyecektim. Bazılarının hoşlanmayla aşkı birbirinden keskin sınırlarla ayırıp, "Aşk değil, hoşlantıdır o," demesi ya da onların zamanlarını belirleyip, "Önce biraz hoşlandım, derken bir baktım âşık olmuşum," diye tanımlaması gibi, ben de duygularımı böyle bölmeli miydim? Zira eğer böldüğüm yerin dışında kalan başka bir duyguyla tanışırsam ve o da benim için güçlü bir duygu olursa, o zaman ne olacaktı? Onu aşk olarak algılamakta elbette zorluk çekecektim. Çünkü her aşk tanımı, aşk hakkında bir taraf seçmektir ve aşkı dilim dilim parçalara bölmektir.

O hâlde bu soruya nasıl cevap verebilirdim ki? "Evet, âşık oldum," dediğimde, hangi aşk için "evet" demiş olacaktım? Eğer soruyu soran kişinin "aşk" tanımı benimkinden bambaşkaysa, mesela soran için aşk tatlı bir heyecan ve zamanla geçen bir hevesse; ben hiç âşık olmamıştım. Aşk eğer kendini başkası olmaya zorlamaksa, sürekli karşındakine göre şekillendirmekse kendini; yine hiç âşık olmamıştım. Aşk eğer durmadan kendini yıpratmak, çilekeş bir ruha sahip olmaksa; yine hiç âşık olmamıştım. Ancak soran kişi için aşk, meydan okumaksa, kolektif bir direnişin parçası olmaksa; âşık olmuş olabilirdim. Yine soran kişi için aşk, insanın kendi aşksız dünyasının siyah beyazlığından, renkli ve pastel tonlara doğru geçişiyse; âşık olmuş olabilirdim ya da âşık olmaya çok yaklaşmış olabilirdim. Çünkü zaman zaman hayatımda pastel renkli gökler ve uyanışımla uykuya dalışım arasında hareketli mi hareketli duygular görmüştüm. Ve elbette, rüyalarımın içine gizlice sızan (benim iznimi almadan ve maalesef benden habersizce) duygularım da vardı.

Aşkı "norm" haline getiren, aşkın tanımının herkes için aynı olduğunu zanneden bir toplumda; aşkı ırk, cinsiyet, sınıf, dinsel görüş arasında kurallar çizerek algılayan bir dünyada, onu konuşmadan önce, uzun uzun anlatmayı daha doğru buluyorum. Çünkü genelde bir Müslüman için ateist birine âşık olmak, aşk değil olsa olsa "günah"tır. Yani bazıları için aşkın sınırları, katı kuralları, bir güzergâhı vardır. Bir erkeğin bir başka erkeğe âşık olması, kimisi için hiç anlaşılmayan tuhaf bir durumdur. Çünkü yine bazısının zihnine asılmış, genelde iktidarlar tarafından belirlenmiş "normalleri" ve "anormalleri" vardır; aşkı da bu iki eksenin ışığında okumaya çalışırlar, iktidarların onları kontrol ettiğinden habersizce. Zengin bir kadın için fakir bir erkeğe âşık olmak, aynı diğerleri gibi yine sınıflar arası geçişleri ve aşkın yaşantısını zorlayan, cinsiyetle, ekonomiyle ve felsefeyle alakalı soruları barındırır içinde. O hâlde aşk bir bakıma, birilerine karşı mutlaka meydan okuyan, birilerini mutlaka sarsan, rahatsız edici, sarsıcı bir eylem ve felsefi duruştur.

Biri çıkıyor, diğerinin aşkını anlayamadığı için ona, "Sen hiç âşık olmamışsın," diyor. Onun, aşkına sahip çıkamadığını düşündüğü için de, "Âşık olsan duramazdın," diyerek tekrarlıyor. Aşk kimi zaman küçümseniyor, kimi zaman büyütülerek kutsanıyor. Belki de insanlar bir başkasının duygularını harekete geçirmeye çalışarak, birbirlerine kendi yapamadıklarını yaptırıyorlardır gizlice. Kendi arzularını, başkalarının dünyalarına aktarıyorlardır.

Tarihe dönüp şöyle bir bakarsak, 19. yüzyılda çoğu şeyin bugünden bambaşka olduğunu görebiliriz. Örneğin, güzellik bugün olduğu gibi bedende aranmıyor, daha çok karakterin yansıttığı ölçüde değerlendiriliyordu. Karakterle güzellik el eleydi, öyle algılanıyordu. Ancak öbür taraftan, kurumların yüceliği sebebiyle insanın ilahlaştırılması da zor olduğundan, bugünkü kadar özgür de değildi elbette aşk. Çünkü kimi zaman tarihte aşk, insanı ilahlaştırdığı ve merkeze aldığı için tehlikeliydi, kontrole muhtaçtı. Oysa bugün modern insan için aşk, insana yapışmış durumda; tarihteki gibi Tanrı'yla değil, Tanrı'dan bağımsız, insan merkezli de düşünülebiliyor hakkında. Ama yine de kontrolü hâlâ bir şekilde sağlanıyor demek zannediyorum yanlış olmaz.

İçinde yaşadığımız modern toplumlarda, artık bedenimizden sonra geliyor karakterimiz. Yani karşıdan bakıldığında, her şeyden önce bedenimiz görülüyor. Konuştuğumuz önemli olsa da, ilk önce fark edilen yerimiz bedenimiz; sonra sesimiz, düşüncelerimiz, karakterimiz... Dijitalleşmeyle beraber bedenlerimiz, karakterimizden, eğitimimizden, maddi durumumuzdan bile daha ön planda olarak hakkımızda fikir verirken; seçme ve seçilme, aşkın dijitalleşmesiyle artık daha da önemli durumda. Bu seçimlerimizde güzellik 19. yüzyıldaki gibi karakterin içinde değil, artık daha çok bedenin içinde aranıyor. Karakter seçildiğine inanılsa da, aslında insanlar kendilerine önce beden seçiyorlar. Hatta biraz daha ileri giderek söylemem gerekirse, insanlar aşktan önce kendilerine çıkar seçiyorlar. Günümüz insanının, bir mağazada, "Bu pantolonun 34 bedeni var mı?" diye sorar gibi arkadaşlık uygulamalarıyla yaptığı aşk seçimiyle, "Hiç tanıyamamışım seni," konu başlıklı hayal kırıklığı arasında bir paralellik olabilir mi? Aşk, 1960'lı yıllarda başlayan cinsel özgürlükle beraber Batı'da sınırlarını genişletmiş olsa da, şimdi de aşkın cinsellikten koparak başına buyruk ve keşmekeş yaşandığı söylenemez mi?

Günümüzde çoğu insan, aşkın sorularını ve sorunlarını dinsel duygulardan ayrıştırarak, psikologlara, astrologlara, çığ gibi çoğalan kişisel gelişim uzmanlarına başvuruyor.

Yani dinsel alanlardan psikologlara doğru mekân değiştirerek dönüşen sorularımız, Tanrı'dan özgürleşmiş olsa da, bugün başka kıskaçların altında. Bu kıskaçlar her ne kadar bilimsel ve daha akılcı olsa da, aşkı sürekli rasyonelleştirmeye çalışmamız, bazen onun büyüsünü kaybettiriyor olabilir. Oysa aşkın büyüsü zaman zaman mantığa sığamamasından kaynaklanmıyor mu? Bilgi edinerek kontrolünü sağlamaya çalıştığımız aşk, bazen anlaşılmaz, tanımlanmaz, anlatılmaz olmasıyla daha büyülü ve derin olmuyor mu? Belki de aşkın en çok saklı olduğu yer, o tuhaf ve büyülü yerdir, kim bilir... Söyleşide bana sorulmuş soruya, zaman dolayısıyla o esnada böyle uzun bir cevap verememiş olduğumdan, o cevabı bugün vermek isterim: Evet âşık oldum, elbette yaşadım aşkı. Ancak 21. yüzyılın tanımlamalarına uygun şekilde mi yaşadım onu, 19. yüzyıla göre mi, 16. yüzyıla göre mi, kendi doğama ve varoluşuma göre mi? İnanın, hiç bilmiyorum. Belki de bu bilinmezliğini ve gizemini korumalıyım içimde. Çünkü aşk, hakkında ne kadar öğrenirseniz, büyüsünü o kadar kaybediyor.

Dil ve İçine Oturanlar

Dilimizin içinde kimler var, kelimeleri yan yana getirerek kurduğumuz cümlelerimiz hangi etkenlerle bir araya geliyorlar, hiç düşündünüz mü? İnsanlığın bir tarihi olduğu gibi, dilimizin de bir kökeni ve sahip olduğu kültürleri var. Bana soracak olursanız, günümüzde dilimizin içinde tıklım tıklım siyaset var. Dilin içerisi popülizmin etkileriyle, kargaşayla ve telaşla dolu. En önemlisi de artık dil, doğdukları ve etkilendikleri siyasi faktörler yüzünden insanları birbirinden uzaklaştırarak yalnızlaştırıyor ve yapayalnız, tek sesli bir dünyaya mahkûm ediyor. Öyle ki, yakın bir arkadaşımızın ilişkisini yorumlarken, kitapçıda bir kitap seçerken, kanallar arasında hızlı hızlı geçiş yaparken, bir televizyon kanalının karşısında "dur"mayı tercih ederken, aslında tamamen siyasi bir tercih yapıyoruz ve siyasi bir yerden konuşuyoruz. Çevremizdeki ilişkilere siyasi görüşümüzün postmodernizmle kurduğu bağla, aldığımız kitaplara düşünce dünyamızdaki politik yatkınlık ve inşa etmek istediğimiz kimliğin meraklarıyla, televizyon karşısına geçtiğimizde izlediğimiz kanala da tamamen politik bir duruşla karar veriyoruz. Bu yüzden de aynı dünyayı algılamıyor, birbirimize

çok uzak yerlerden seslenmeye, çok uzak yerlerden birbirimizle bağ kurmaya -ya da artık kurmamaya- çalışıyoruz. Peki neden birbirimize güvenmeye çalışırken aslında güvenmemeye, neden birbirimizi dinlemeye çalışırken aslında dinlememeye, neden birbirimize saygı duyarken aslında hiç saygı duymamaya yöneliyoruz? Bu geldiğimiz yer, tarihsel bir sürecin sonucu bana göre. Buraya hiçbirimiz bir günde gelmedik, gelemizdik de...
Popülist liderlerin toplumlarda açtığı derin yarıklar, popülizmin demokrasiyle kurduğu bağ ve dünyada popülizmin dışında kalanlar yüzünden yaşam artık çok kutuplu. Küreselleşme destekçileri ve küreselleşme karşıtları, kadınlarla erkekler, işçilerle patronlar, sahiplerle sahipsizler, yerlilerle yurtsuzlar, yenilikçilerle gelenekselciler, sağcılarla solcular olarak dünya daha çok bölünmüş ve birbirinden daha çok uzaklaşmış durumda. Bu uzaklık sadece zihinsel değil, aynı zamanda mekânsal olarak da böyle... Bu yüzden popülizmin insanlara olan etkisi şimdi her konuda daha da hâkim ve bu hâkimiyet yaşamda neredeyse her alanın üzerine fil gibi oturmuş durumda. Mekânsal olarak İstanbul'da Bağdat Caddesi'ne sadece seküler yaşayanların gittiğini düşünen ve orayı tercih edemeyen bir muhafazakârla, yine İstanbul'da Fatih'e aşırı dindar bir bölge olduğu için gidemeyen kadınlarla, sosyal medyada farklı düşündüğü için "Seni takipten çıkıyorum!" diyenlerin arasında bir bağ yok mu? Ben olduğunu düşünüyorum. Peki olması gerekiyor mu? Sınırlarımızın bu kadar keskinleşmesi, bir yerden başka bir yere geçişlerin zorluğu, dünyada birbirine tahammülün bu kadar azalması şart mıydı?

Toplumlarda ortaya çıkan bu bölünmelerle artık sosyal medyada da sadece bize istediğimizi söyleyenleri takip ediyor, dışarıda sadece bizimle aynı düşünen insanlarla oturuyor, sadece bizimle aynı inancı paylaşanları "doğru" buluyor, dünya küreselleşirken bu küreselleşmenin kültürleri bir araya getirdiğine her ne kadar inanıyor olsak da nihayetinde diğer kültürlere saygı duymayı tam olarak başaramıyoruz. Hoşgörü, saygı ve birlik, popülizmin hiç sevmediği kavramlar ve artık bizde de hiç kalmadı. Çeşitliliği, çok sesliliği ve çok kültürlülüğü savunanların bile toplumda çeşitlilik istemediğini, çok sesliliğe tahammül edemediğini ve çok kültürlülüğe sıcak bakmadığını düşünüyorum. "Öteki" hâlâ bir tehdit olarak algılanıyor, bu algı asla aşılamıyor.

Özgürlük anlayışını sadece "kendisini kapsayacak ve kendisine yetecek kadar" düşünen ve tanımlayanlarla, özgürlük üzerine hiç düşünmeden ona daracık bir alanda diğerine sınır çizerek bakanlarla, başkalarını hiçe sayan, şeytanlaştıran bir dünyada nasıl "bir arada ve özgürce" diyerek yaşayabiliriz? "Özgürlük" dediğimiz şeye aynı anlamı yüklemiyoruz ki... En önemlisi, bazılarımız kendinden başkası, yani ötekisi için özgürlüğü hiç istemiyor ki... Bu kavramlar üzerine düşünmeden elbette bu karanlıktan çıkmak mümkün de olmayacak.

Postmodernizmin dünyada yayılışındaki "herkesin her istediğini söyleme özgürlüğünü" ve bunun tehlikelerini de konuşmak zorundayız. "Herkesin kendi fikri," diyerek antidemokratik ve hiç etik olmayan şeylere saygı mı duyacağız? Faşizmin, ırkçılığın, homofobinin, kadın düşmanlığının, postmodernizmin anlamını dönüştürerek yaydığı "herkes istediğini düşünebilir" yaklaşımıyla çok tehlikeli bir birlikteliği var. Oysa her düşünceye saygı duyarsak, faşizme de saygı duymamız gerekir; her düşüncenin toplumda yer alması gerektiğini düşünürsek, o zaman ırkçılığın da yer almasını onaylamak durumunda kalabiliriz. Son yıllarda dünyada da çözülemeyen ırkçılığın bir nedeni de toplumların "her fikre saygı" diyerek saygısızlığın kendisine de saygı duyar hale gelmeleridir. Maalesef yaşadığımız dönemde, ben de bir yazar olarak buna çokça maruz kalıyorum ve "savaş" demenin kolay, "barış" demenin ise çok zor olduğu bir dünyada yazarlık yapıyorum.

Örneklemem gerekirse, kariyerimin bir noktasında, sosyal medyada sırf "barış" dediğim için linç edildiğimi hatırlıyorum. Sırf Kürtçe bir atasözü paylaştığım için Google'da "Arda Erel Kürt mü?" diyerek ismimin aratıldığını da biliyorum. Sırf kadın haklarını savunduğum için hakkımda "Ne biçim adam!" dendiğini de. Bunlar belki bazısı için gülüp geçilecek şeylerdir ancak benim için hiç öyle değil. Ben hiçbir zaman gülüp geçemedim ve hep üzüldüm. Zannedildiğim şeyler hiç rahatsız etmedi beni, ancak düşüncelerimin algılanış biçimlerine ve toplumun beni nereden gördüğüne dair hep kaygı duydum. Anlaşılmama hissi, zannediyorum ki bir yazar için en büyük cezadır. Bu yüzden fikirlerin toplumda algılanışının bu şekilde olması çok tehlikeli ve bunu konuşmak, bunlardan bahsetmek zorundayız diye düşünüyorum... Hiç olmadığı kadar "daha çok konuşmamız" gerekiyor. Az kelimeyle çok şey anlatmak ne yazık ki zorlaştı. Eğer 21. yüzyıl, "barış" demenin zor, "savaş" demenin kolay, "silah" kullanmanın ise gurur duyulacak bir şey olduğu algısını yayıyorsa; her farklı görüşe ve kimliğe "Defol ülkemden!" demenin basit, "Fikrini dinlemek isterim," demenin zor olduğu bir yüzyıl olacaksa, toplum birini savunmanın gerekliliğini hâlâ "savunulan şey olma zorunluluğu" zannediyorsa, nasıl beraberce yaşayabileceğiz?

Belki de en önemlisi sorular sormaya başlamaktır.

Çünkü popülizm yıllardır bizi birbirimize karşı kutuplaştırarak, kimlikleri birbirine uzaklaştırarak, düşmanlar yaratıp herkesi birbirine düşürerek; insanlarla yakınlaşmamızı ve fikirlerimizi paylaşmamızı zorlaştırdı. Kulaklarımızı tıkadı ve dilimizin içine yerleşti.

Oysa düşünseydik ve sorgulasaydık, belki de hiç böyle olmazdı. O hâlde adım atalım, dilimizin içine oturan fili oradan kaldırmakta daha fazla gecikmeyelim.

Telaş Kültüründe İkili İlişkiler

Eğer iş çıkış saatinde İstanbul'da trafikteyseniz, insanların ne kadar telaşlı olduklarını anlarsınız. Onları görmenize de gerek yok; arabalarını görmeniz, onları görmenize yeter. Çünkü arabalar da konuşurlar, kendi dilleri vardır. Mesela trafikte sağa doğru sinyal verip şerit değiştirmek isterseniz, o şeritte arkadan gelen arabayla genellikle aranızda çok kısa bir mesafe kalır. Zor bir şekilde sağa doğru geçersiniz. Sizin geçişinize izin vermek bile bazıları için zordur; o sürücüye zaman kaybettirir ve onu sinirlendirir. Çünkü mutlaka acelesi ve bekleyeni vardır, İstanbul'un telaşı eline yüzüne bulaşmış olan herhangi başka bir yerinde. Aynı zamanda, trafikte bir başkasına yol vermeme alışkanlığının derininde, toplumdaki diğer insanlara karşı öfke, serzeniş ve anlayışsızlık yattığını düşünürken, bu davranışın bir üstünlük ihtiyacının göstergesi olduğuna da inanıyorum. Trafik, genellikle arabalarımızın markaları ve sürücüleri olarak da hareketlerimiz aracılığıyla birbirimizle konuştuğumuz bir sohbet alanıdır.

Kısacası, toplum içinde her zaman birbirimizle iletişim

halindeyiz. Hem de iletişimimiz, çok şiddetli bir telaş ve öfke ağırlıklı. Bunun hem politik, ekonomik, psikolojik ve sistemsel sebepleri hem de insanlara etkileri var elbette, ama benim bu yazıda bahsetmek istediğim esas konu "telaş kültürü". Bu, artık kötü bir alışkanlığımız olmak yerine; modern dünyanın normali, dilde sürekli "Tabii, senin de acelen var," şeklinde üretileni. Oysa ilişkilerimizin hızını ve parçalandığını da gösteriyor bizlere.

Bu telaş çağının, teknolojinin ve kapitalizmin etkisiyle beraber her yere sirayet ettiğini söylemek zannediyorum hiç abartılı olmaz. Trafikte yol vermemekten, kırmızı ışıkta ceza alacağını bile bile hızlıca geçmekten, metrolardaki yürüyen merdivenlerin hızını beğenmeyip kendi ayaklarının hızına güvenip koşmayı tercih edenlerden, market kasalarındaki kasiyerin ürünleri okuturkenki aceleci tutumundan, Tinder gibi arkadaşlık uygulamalarında hızlı hızlı sağa sola kaydırarak akvaryumdan balık seçer gibi eş arayan insanlardan, uçak biletleri için elektronik biletleri seçerek zaman kaybetmediklerine inandıkları için havaalanında ellerinde bavullar ve zihinlerindeki endişelerle hızlı hızlı uçağa koşanlara kadar herkesi toplayıp bir araya getirsek, aslında bu "telaş çağı"nın sadece tek bir alanla kısıtlanmadığını, tüm yaşam alanlarına yayıldığını fark edebiliriz.

Market kasasındayken önümüzdeki tüketicileri bekleyemememiz ve aldığımız ürünlerle ödemede en az sıra olan kasayı aramak için hızlıca tüm sıralara göz gezdirerek bir çaba sarf etmemizle, bir ilişki için "zaman isteyen"leri veya "zamana bırakmak isteyenleri" bekleyemememiz arasında bir kesişim, bir bağlantı olabilir mi? Hayatta da tıpkı market kasası sıralarındaki gibi, bizi en az bekleteni ve işimizi en hızlı halledecek olanı tercih ediyor olabilir miyiz? Ben yaşamdaki farklı tutumlarımız arasında kesişimler olduğuna inanıyorum. Bu yüzden sabırlı ve sakin olmayı, Z kuşağının gözünden, sanki hiç tanışmadığı, Batı toplumlarının tabiriyle "Old-Fashioned" (Modası Geçmiş) bulacağı bir özellik olarak düşünürken, kendi hayatımda da çoktandır unuttuğum bir özellik olarak görüyorum. İnsan zihni teknoloji ve kapitalizmin etkisiyle yönlendirilirken, kazandığı hareketlilikler, neden ikili ilişkilerimizi de etkilemesin? Bu yıl yaşadığımız pandeminin de etkisiyle, gündelik yaşamda birbirimizden sürekli "mesafe" diyerek uzaklaşmamız, yakınlık ihtiyaçlarımızı bile dijitale taşımamız, dijital okumalarımızı daha önemli kılmadı mı? Örneğin, WhatsApp üzerinden sevgilimizle konuşurken, onun mesajımıza geç cevap vermesini veya aramamıza geç dönmesini "ilgisizlik" ve "kesin bir sorun var" diyerek hızlıca yorumluyor, genellikle ayrıntıları düşünmeden bir telaşa sürükleniyoruz. Eskiden bir mektubun insanın sevdiğine ulaşması aylarca sürerken, günümüzde "Okudu ama cevap vermedi," demek, birinden vazgeçmek ve ondan soğumak için tutunulacak bir sebep gibi gözüküyor. Çünkü ayrıntıları düşünmeden, incelikleri fark etmeden, sadece "hızlıca al, hızlıca tüket" mantığıyla yaşamak bizim normalimiz haline geldi. Sabırsızlık, aşkın içine öyle bulaştı ki, aşkın normali oldu. İncelikler, bırakın fark edilmeyi, artık istenilmiyor bile. "Bekleyemem o kadar süre," herkesin kullandığı ortak bir cümleye dönüştü bile. Herkesin, hem markette hem de aşkta, benzer dinamikte aceleleri var.

Yani telaş ve acelecilik, sadece gündelik hayatta değil, sanal dünyadaki kimliğimizde, tutumlarımızda ve algılarımızda da bizimle beraber. "Görüldü" ibaresiyle okuduğumuz WhatsApp ve sosyal medya dönüşleri, karşımızdaki kişiye dair "değer verip vermediği" ve "bize ilgi duyup duymadığı" hakkında yorum getirmemizi sağlıyor. "Mesajım görüldü oldu ama bana dönmedi," diyerek birinin bize karşı yeterince ilgisinin olmadığını düşünüyoruz. Hemen telaşa kapılarak, çabucak "bize dönüş yapan" birine geçmek istiyoruz. Bu WhatsApp ve sosyal medya mesajlarındaki "görüldü" ibaresi de aslında bizim en büyük ihtiyacımıza cevap veriyor ve bizi bam telimizden yakalıyor. Çünkü ihtiyacımız ortak: Görülmek. Bizi gören birine sahip olmak.

Zaten teknoloji de bu ihtiyacımızı biliyor, algoritmalarını bu ihtiyaçlarımız üzerinden geliştiriyor ve bize "indir" dediği uygulamalar aracılığıyla, genellikle üzüntümüzü ya da ilişkilerimize dair yaslarımızı bile yaşamamıza izin vermeden, açıkça "hemen başka birini seç" diyor. Sonuçta dijital dünyanın arkadaşlık uygulamalarında, sonsuz seçenek mevcut, ne gerek var yas tutmaya!

Başka bir taraftan bakarsak, örneğin, Instagram'da bir fotoğraf paylaşan arkadaşımın, "Fotoğrafım yarım saatte 80 beğeni almış, çok az!" dediğini ve fotoğrafı sildiğini hatırlıyorum. Yani dijital dünya, "zamanı" da bize yeniden yorumlatıyor, "az" ve "çok" diyerek kendimize bir değer biçmemize sebebiyet veriyor. Hızlıca beğeni almalıyım, hızlıca tanımalıyım, hızlıca sevmeliyim ve mümkünse hızlıca sevişmeliyim çağındayız. Eğer bu hıza ayak uydurulmazsa, işin içinde bir gariplik var sanılıyor.

Geçtiğimiz yaz, sırf bu telaş çağının üzerimdeki etkisini fark etmem nedeniyle, en sevdiğim kelimeleri sıraladım ve okudum. Favori kelimelerim şöyleydi: 1- Telaşsızlık, 2- Sakinleşmek, 3-Dinginlik. Bu kelimelerin büyüsüne bırakmak istedim zihnimin aceleciliğini ve anlamları üzerine düşündüm. Çünkü düşündüğümüz, içselleştirdiğimiz kelimeler üzerinden de kendimizi oluşturduğumuza inanıyorum.

Bu telaş kültüründe, hem ikili ilişkilerdeki hızlılığı tuhaf bulmaya başladım, hem de başkasının bana değer verip vermediği ve ilgi duyup duymadığı hakkında "hızlıca" yorumlar yapmamın, aslında sistemin ve düzenin benden beklediği bir şey olduğuna, insanın sağlıklı ilişkiler kurmak istediği zaman telaşı bırakması gerektiğine kanaat getirdim. Başkaları hakkında yaptığım çoğu yorumun ve kendime söylediğim çoğu cümlenin de, bu telaş çağı yüzünden yanılgılarla dolu olduğunu fark ettim. Çünkü telaş kültürüyle beraber, başkaları hakkında da çok fazla varsayım geliştiriyoruz. Yani telaş kültürü, varsayımlarımızı gerçek zannettirirken, ince düşünmekten, içinde yaşadığımız durumun başka bir tarafı olduğuna inanmaktan ve bizi bunlar üzerine düşünmekten uzak tutuyor. Ötekini dinlemeden, onun hakkında gerçeklikler yaratıyoruz. Telaşımız bize gerçeklikler dayatıyor. Teknoloji, varoluşsal kaygılarımızı ve "zaman kaybetmemek" üzerine telaşımızı çok iyi bildiğinden, ilişkilerimizi yüzeyselleştiriyor. Bunu tehlikeli bulduğumdan beri; yüzde yüz sakin biri olmasam da bu çağın ikili ilişkilerimiz üzerine etkilerini düşündükçe, aceleciliğimi kaybediyorum. Daha çok anlıyorum karşımdakini ve daha çabuk uzaklaşıyorum mutsuzluktan.

Hangi Zaman Diliminde Yaşıyoruz?

Sizce, bu yazıyı okurken ne kadar "şimdi"de durabiliyorsunuz? Bakın olmak değil, "durmak" diyorum, çünkü şimdiki zaman diliminde olduğumuzu biliyoruz ancak, ben orada durup durmadığımızdan herkes kadar emin değilim. Mesela odaklanabiliyor musunuz yazıma? Yoksa diğer elinizde tuttuğunuz telefonunuza ya da kahvenize karşı zihniniz tetikteyken, telefonunuzun çalma veya kahvenizin düşme olasılığını düşünerek bir yandan geleceğe de sahip çıkma derdinde misiniz? Ya da bu yazıyı, geçmiş zamanda yapmış olduğunuz bir şey aklınıza geldi de sırf kafanızı dağıtsın diye, onu düşünmemeye çalışmak için mi okuyorsunuz? İçinde olduğumuzu düşündüğümüz şimdimiz, gerçekten ne kadar özgür geçmişten ve gelecekten? Şu an içinde bulunduğunuz zaman dilimi hangisi?

Belki de önce art arda sorular sormakta fayda var. Mesela, sizce geçmişi ve şimdiyi birbirine çarpıştırarak mı yaşıyoruz? Gelecek dediğimiz zaman da bazen şimdiye sıçrayan ve şimdiye eklenen bir parça mı? Bunlar üzerine düşünüyor musunuz hiç?

Zaman, şimdiye kadar dünyaya gelmiş her insanın ilgilendiği çok önemli bir kavram olmuştur. Özellikle onu farklı farklı algıladığımız biçimlerimiz, bir türlü üzerine düşünmeyi bırakamadığımız en önemli mevzularımızdandır.

Ben hayat içerisinde herkesin aynı anda ve aynı zaman diliminde olmadığını fark ettiğimde, zamanın geçişkenliğini de fark etmiş, zamanın herkesin yaşamındaki farklı dans edişinden çok etkilenmiştim.

Biriyle konuştuğumda ve o geçmişten bahsettiğinde; aslında şimdiyi değil, geçmişi şimdiye taşıyarak geçmişini yaşadığını, geçmişe yürüyerek orada nefes aldığını gözlemlemiştim. Gelecekten bahseden birini dinlediğimdeyse; onun şimdiden kayarak geleceğe uzandığını, orada gezindiğini fark etmiştim. Zamanın oldukça hareketli, karmaşık, karmaşıklığıyla büyüleyici ve sihirli olduğunu da anlamıştım.

Zamanı bebekken başka, yetişkin olduğumuzdaysa bambaşka algılarız. Her yaşın sanki başka bir zaman algılayışı var. Büyüdükçe, zamanı algılayışımız da farklılaşır. Şimdi, geçmiş ve gelecek birbirine sıçrayarak kol kola gezinmeye başlar. Oysa bebekken, birbiriyle hareket eden zaman dilimlerinden, yetişkin olduğumuzda olduğu gibi çok haberdar değilizdir.

Ancak zamanı biraz daha deşersek, onun içinden sadece şimdi, geçmiş ve gelecek mi çıkar? Yoksa zaman çok katmanlı, çok boyutlu ve belki de zamanlarüstü bir deneyim midir? Dil, zamanı böyle kelimelendirmiş ancak belki de zaman çok daha detaylı yorumlanması gereken geniş bir alandır.

Bence zamanı, hayatı ve geriye kalan çoğu şeyi anlamaya çalıştığımız gibi bir ömür boyunca anlamaya çalışıyoruz ve iyi ki böyleyiz.

"Eskiden nasıl böyle şeyler yapmışım? Kendime inanamıyorum. Her sabah, uyandığımda, o günlerde nasıl bana yakışmayan şeyler yapmışım hayret ediyorum," demişti çok sevdiğim biri. Her gün kendine bu soruyu sorması, aslında şimdinin içinde değil, geçmişinin içinde oturduğunu söylüyordu bana, bunu algılıyordum. "Geçmiş pişmanlıklarımız bugünümüzü rahat bırakmıyor, her zaman şimdimizin içinde yer alıyor," diye düşünmüştüm. Pişmanlıklarımız, geçmiş zaman dilimine ait gibi ama bugüne ve anlarımıza da sıçrıyor. Anlarımızı parçalayıp, kaçırabiliyor bizden.

Geçmişe gitmemiz bazen yıpratıcı, bazen ise çok faydalı. Yıpratıcı tarafı, geçmişin değişmesini istemek ve bunu yoğun bir pişmanlıkla talep etmek. Oysa geçmiş, asla değişmez ve geçmişimizi tekrar yazmamız da hiçbir zaman mümkün değildir. Peki, zihnimizle geçmişi tekrar yazabilir miyiz? Bunu da çok mümkün bulmamakla birlikte, sadece oraya bakış açımızın değişebileceğini düşünüyorum. Ama belki de geçmişi tekrar yorumlamak, onu başka yerden bakıp görmek, yeniden yazmakla eşdeğerdir.

Eğer sürekli geçmişin değişmesini talep edersek, bu bizi yıpratır. Çünkü gerçekleşmesi mümkün olmayan bir şeyi beklemek yorucudur. Geçmişe gitmenin faydalı tarafıysa, geçmişi şimdiye taşıyarak onu iyileştirme ve çözme ihtimalinin oluşmasıdır. Çünkü geçmişimizi çözmek, onu ancak şimdiye taşıyarak gerçekleşebiliyor ve ben bunu çok faydalı buluyorum.

Sizce birine âşık olduğumuzda, bir şeyler hissetmeye yeni yeni başladığımızda, zihnimiz sadece o anın içine kayarak, oraya oturabilir mi? Yoksa zihnimiz, geleceği ve geçmişi, eskiyi ve yeniyi karşılaştırıp, bizi keşmekeş hale getirerek şimdiyi kaybetmemize, onu görememize mi yol açar? Şimdiyi tanımamız için, bu soruları kendimize sormamız ve özgürleşmemiz gerek.

"Anda olmak" deyişi son yılların herhâlde en moda söylemlerinden biri. Binlerce kitap var bu konuya dair. Bu ihtiyaca cevaben, son yıllarda yazılan kişisel gelişim kitapları bize anda olmanın faydalarını uzun uzun anlatıyor. Ama anlattıkları kadar kolay mı bu deneyime sahip olmak? Ya da kişisel gelişim kitapları, gerçekten her zaman faydalı mı? Bunu da sorgulamak gerekiyor.

An, bizim belki de sahip olduğumuzu düşündüğümüz ama aslında sandığımız kadar sahip çıkamadığımız ve tadamadığımız bir deneyim. Önce anın ne demek olduğunu ve herkesin bu "an" denen şeyi aynı deneyimlemediğini öğrenmemiz gerekiyor. Yani herkes anlarla aynı şekilde arkadaşlık kurmuyor. Herkes onun farklı boyutlarıyla sürükleniyor yaşamda. Önce hangi zaman diliminde yaşadığımızı bulalım ve sonra özgürleşerek anda kalalım.

Hayatımızda birini sevmek, tanımak ve kazanmak "zaman"la ölçülüyor. "Kısa zamanda birbirini sevmek," "bazı şeyleri zamana bırakmak," ne çok kullanılıyor. Zaman, ondan medet umduğumuz bir Tanrı gibi bazen.

Ayrıca zaman, bizim için bir varoluş meselesi de. "Zaman nakittir," cümlesini sıkça kullanırız veya hayata karşı endişelerimizi dile getirirken, "Seninle zaman kaybedemem," deriz. Bu zamanla kurduğumuz bağın, insanlardan bile önemli olduğunu söylüyor bize. Zamanımıza belki de her şeyden çok kıymet veriyoruz.

Ben anlarımıza sahip çıkmamız gerektiğini düşünüyorum. Zamanı nasıl algıladığımızla ve hangi zaman diliminde yaşadığımızla ilgili uzun uzun çalışmamız gerekiyor. Çünkü an, yani şimdi, bizim her zaman içinde olduğumuz zaman değil. Mekânlar bizi başka yere götürebiliyor, bir parfüm kokusu bizi geçmişte bir anıya sürükleyebiliyor. Böylece kaygılarımız anın güzelliğini yaşamlarımızdan silebiliyor. Yani an, bazen içindeyken bile içinde olmadığımız, hatta kaybettiğimiz bir zaman dilimi olabiliyor ve geçmiş, şimdinin ötesine geçerek bizi andan koparabiliyor.

Peki birbirlerine, "Seninle zamanın nasıl geçtiğini anlamıyorum," diyenler tam olarak neden bahsediyorlar? Belki de zaman, biz biriyle mutlu olduğumuzda bizden gitmiyor ve bizimle beraber orada duruyor. Yani an, eğer sevdiğimizle birlikteysek, artık içinde hissedebildiğimiz gerçek anlamına bürünebiliyor. Oysa zamanın geçtiğini fark ettiğimiz ya da zamanı daha farklı algıladığımız günlerde, geçmiş ve gelecekle iç içe geçtiğimizde, an bize çok uzak bir yerlerde kalıyor... An, elini bir türlü tutamadığımız yaramaz küçük çocuğumuz gibi, genelde bizden kaçıyor, uzaklaşıyor. Âşıkken de hep yanı başımızda, duruyor...

Bu yüzden, anın güzelliğini en çok birlikte zamanın nasıl geçtiğini anlamadığımız insanlarla yaşıyoruz ve aşk, belki de anda "durabilmenin" en kıymetli deneyimi.

Sallanan Aidiyetler

Derrida, "birlikte yaşamak gerek," söyleminden çıkıp "birlikte yaşama arzusu"na geçmek gerektiğini düşünür. Ben bu düşüncesini okuduğumda, "birlikte yaşama arzusu" söylemini çok güçlü ve gerekli bulmuştum. Çünkü genelde topluma baktığımızda, siyasetçiler "birlikte yaşayalım","biz hepimiz biriz", "birlikte güçlüyüz" gibi söylemler kullanırlar ama toplumda birlikte yaşama arzusunun olup olmadığı kimsenin düşündüğü bir konu değildir. Hatta "hepimiz biriz," diyenler sanki bunu hiç söylememiş gibi, toplumdaki birçok kimliği marjinalize eder, dışlar ve yok sayar... Toplumu parçalamak istemeyenler toplumu daha çok parçaladıklarının farkında bile değildir.

Birlikte yaşama arzusu... Bu arzu kaldı mı gerçekten? Bence düşünmeye tam da buradan başlamak için hem gerekli, hem de doğru bir zamandayız.

Bugün, çoğu toplumda tahammülsüzlüğün tırmandığını gözlemliyoruz. Dünyanın her yerindeki ırkçılığın, kadın düşmanlığının, homofobinin, transfobinin, yabancı düşmanlığının, işlenen cinayetlerin tahammülsüzlükle iç içe geçmiş olduğunu, tahammülsüzlüğün içinden geldiğini bilmeliyiz. Toplumdaki ikili ilişkiler içinde de, gittikçe otoriterleşen iktidarlar gibi yukarıdan aşağıya doğru bir hareketle, âşıklar da birbirlerine karşı daha otoriter, daha tahammülsüz ve daha hoyratça davranabiliyorlar. Peki tahammülsüzlük neden yükselir ve neden talep edilir?

Varoluş tarihini düşündüğümüzde, varoluşun her zaman farklı farklı dışavurumlar gerçekleştirdiğini gözlemlediğimizde, ben tahammülsüzlüğü de 21. yüzyıl insanının varoluşuyla bağlantılı görüyorum ama elbette ki bu tahammülsüzlüğün çarpıştığı ve çarpışarak beslendiği başka başka kaynaklar da var.

Tahammülsüzlük üzerine düşünmemiz gerekirse, içinden tüketim kültürünün etkileri, sağ popülizmin yükselişi, kimlik siyasetinin yansımaları, neoliberalizmin özne yaratımı, Hannah Arendt'in dediği gibi "kötülüğün sıradanlığı" ve kötülüğün toplumlarda pek çok alıcı bulması gibi farklı farklı katmanlarda bahsetmemiz gereken konular çıkar. Tüketimin bir toplumsal uyum ve gereklilik haline getirildiği, tüketmeyen insanın hiçleştirildiği, sağ popülizmin kimi insanları silikleştirdiği ve kriminalize ettiği, aşırı bireyciliğin toplumsal beraberliği ve geçişleri unutturduğu, kötülüğün kitleler tarafından arzulandığı bir dünyada zannediyorum ki "birlikte yaşama arzusu" bizim unuttuğumuz, üzerine hiç düşünmediğimiz ama düşünmemiz gereken bir konu.

Oysa şunu da hatırlatmak gerekir ki, insanların, içinde yaşadıkları toplumlarıyla beraber yaşama arzusu duymadıklarında kendi toplumlarına yabancılaşmaları da kaçınılmazdır. Bugün bazı insanlarda, içinde yaşadığı yerden dinmek bilmeyen bir şekilde gitme arzusuyla, yaşadığı topluma karşı nefret beraber yükseliyor. Toplumun birliğini ve beraberliğini düşünenler, bu beraberliğin içine ne yazık ki sadece bir kesimi çekebiliyorlar; mutlaka dışladıkları bir başka insan grubu oluyor. Bu da

"içeridekiler" ve "dışarıdakiler", "bizler" ve "sizler" olarak toplumları parçalıyor; insanlar paramparça hale getiriliyorlar. Aidiyetlerin maalesef yara aldığı toplumlarda yaşıyoruz...
İnsanlar toplum içinde kendilerini "içeride" göremediklerinde, bu "dışarıda bırakılma hissi" hem yabancılaşmayı arttırıyor, hem "birlikte yaşama arzusu"nu yok ediyor, hem de "yaşadığı yeri beğenmemeye" sebebiyet veriyor diye düşünüyorum.

Bugün, dünyada göç çok önemli bir konu ve aslında hiç tesadüf de değil. Türkiye toplumunda da özellikle gençlerin ülkeden gitmek gibi bir arzusu var; yani göç arzusu. Bu arzunun elbette ekonomik ve siyasi sebepleri de var ancak sebeplerin bununla sınırlı olduğunu düşünmüyorum. Ekonominin yabancılaşmayla da beraber giden hareketlilikleri olduğunu sanıyorum. İçinde yaşadığımız toplumlar kimlikleri dışladığında, aidiyet duygusu parçalanırken yabancılaşma iyice yükselerek, kişinin toplumla arasına perdeler çeker. Ekonomik beklentilerin hayal kırıklıkları da bu perdenin çekilmesini iyice güçlendirir.

Başka bir taraftan baktığımızda da dijitalleşmeyle beraber küreselleşme, içinde yaşadığımız toplumları da beğenmeyerek, küçümseyerek algılamamıza neden olabiliyor. Çünkü sürekli başka bir yerde, bambaşka bir hayat tarzı olduğunu görmek, bizi içinde yaşadığımız mekânlara, toplumlara uzaklaştırıyor, aidiyet hislerimizi de parçalayabiliyor. Aidiyet duygusunun zemini, bugün kendi içinde bir sağa bir sola sallanır bir halde ve bence onun sabit durabilmesi de artık mümkün değil...

Diğer yandan, kapitalizmin durmadan ürettiği "yeni", bizi "eski" olana küstürerek, onu beğenmememizi veya yıkmamızı sağlayarak farklı bir algı yaratıyor. Oysa her "eski" olan şey yıkılmak ve küçümsenmek zorunda mıdır? Ya da sürekli "daha iyisini" arzu etmeli miyiz? "Daha iyi bir toplum", "daha iyi yaşam", daha daha daha... Bu "daha"nın sonu var mıdır? Bunun üzerinde de durmak gerekir.

Gitmek isterken kalmak, günümüzde bazılarına yabancılaşma hissini bir ceza gibi yaşatıyor... Bu yüzden "birlikte yaşama arzusu" bence dünyanın her neresinde yaşıyor olursak olalım, sahip çıkmamız gereken bir arzu. Çünkü bu, aslında bizim yaşama arzumuzla da alakalı.

Sadece tek başımıza olmadığımız, bizi önemseyen, değer veren insanların da toplumda olduğu fikri daha çok yayılmalı. Ama maalesef tahammülsüz bir siyasi dil, ötekileştirici söylemler, varoluşun dışavurumları bugün bu "birlikte yaşama arzusu"nun niçin olmadığını bizim yüzümüze daha çok vurup, bu arzuyu konuşmamızı daha çok gerekli kılıyor.

Hem zaten "birlikte yaşama arzumuz" olmazsa, dünya neye yarar ki?

Mutluluk Paketleri

Felsefeci Wilhelm Schmid'in *Mutsuz Olmak, Bir Yüreklendirme* kitabını okuduktan sonra mutluluk ve mutsuzluk üzerine daha fazla düşünmeye başladım. Çünkü aslında bunları pek düşünmediğimizi, düşünmeden ezbere hayatımıza kabul ettiğimizi anladım.

Fark etmesi zor gelebilir ama aslında anlamdan yoksun mutluluklarla dolu etrafımız. Süslü sözcüklerle bize sunulan mutluluk paketleri, sunuldukları kadar dolu ve tatmin edici değil; çoğu geçici ve anlık.

Hepimiz, anlamın kendisi üzerine hiç düşünmeden, herhangi bir yemek alır gibi, kendimize "mutluluk paketleri"nden birini seçiyoruz. Mutluluk, bizim yerimize düşünülmüş, anlamı bulunmuş, keşfedilmiş, tamamlanmış bir kavram sanki. İnsanların, anlamını kendi başlarına "yarattıkları" bir kavram değil de "seçilen" bir şey. Mutluluğun anlamını bulmayı başkalarının görevi olarak görenler var. Anlamı bulma işi başkasına kalsın, belirleyici onlar olsun istiyor gibiler. Felsefe, bu yüzden çok değerli, çok gerekli hepimiz için.

İnsanın kendine seçeceği alışılmış mutluluk paketlerinden herhangi biri, ona iyi gelecek mutluluk olmayabilir. İnsan, bu düzen içerisinde, mutluluk zannederek mutsuzluğu da seçebilir. Çünkü insanlar kendi hikâyelerini yazarken korktukları kadar şahsi mutluluklarını inşa ederken de tedirgin oluyorlar.

Mutluluk paketlerindeki hazır, hızlı tüketilen, gerçek tatminden uzak mutluluklar her insana uyabilseydi, "Mutsuzum," diyen bu kadar insan olur muydu? Mutluluğun her zaman toplumsal bir şey olduğu inancından, herkes için aynı tanımı olduğu fikrinden kurtulmamız gerekiyor. Çünkü belki de mutsuzluğu bu denli yayan ve büyüten sebeplerden biridir, mutluluğun herkes için aynı şey zannedilmesi.

Bu yüzden mutluluğu seçmek ile mutluluğu inşa etmek arasında çok büyük bir fark olduğuna inanıyorum. Mutluluğu sistemin gösterdiği simgeler ve anlamlar arasından seçmek veya mutluluğu kendi başına inşa etmek, yaratmak... Tabii ki mutluluğu seçenle, onu kendi başına inşa edenin hayatı aynı olmayacaktır, aynı şekilde akmayacaktır.

Örneğin, alışveriş yaparak mutlu olmak, romantik bir ilişkiyle mutlu olmak, para kazanarak mutlu olmak gibi paketler var. İnsanlara herhangi bir şeye sahip olamadıklarında, bir eşe ya da sevgiliye sahip olamadıklarında veya banka hesabında çok haneli sayılara sahip olamadıklarında mutlu da olamayacakları dayatılıyor. Ortaklaşa ürettiğimiz ve bizi mutlu kılacağını düşündüğümüz özel günler, yıldönümleri de bu paketlerin oluşturulup yaygınlaşmasını sağlıyor. Bu da, ister istemez mutluluğun sınırlarını çiziyor diye düşünüyorum. Çünkü mutluluk konusunda bazı tanımların dışına çıkanları garip, tuhaf ve anlamsız bulmaya, sorgulamaya ve yargılamaya çok istekliyiz. Mutluluk paketlerinin herkes için geçerli olduğunu düşünenler, mutluluğu sabitliyor, keskinleştiriyor. Evlenmek, zengin olmak, çocuk yapmak şeklindeki kutsal üçgen gerçekleştiğinde mutluluğun kazanılacağı varsayımında bulunuyorlar. Mutluluk bunlarla da olabilir, bunlardan bağımsız da şekillenebilir. Mutluluk "kazanılabilir", ama kazanılmadan, kendiliğinden de hissedilebilir.

Toplumun mutluluğu evlilikte bulması, benim mutluluk tanımımı ifade etmeyebilir. Veya çok zengin olma hedefi, herkesin mutluluk hedefi olmayabilir; ki çoğunlukla tek bir şey, başlı başına bir mutluluk kaynağı değildir. Mutluluğu yaymak, çoğullaştırmak, anlamını genişletmek gerekiyor. Anlam kısırlıklarıyla belki de daha az hissedebiliyoruz.

Kapitalizmin vahşileşmesiyle, zamanında Özal'ın "Ben zenginleri severim," demesi gibi Türkiye'nin tarihinden gelen ve bilinçaltına yerleşen söylemlerle "mutluluk paketleri" daha çok içselleştirildi diye düşünüyorum. Bunlardan en önemlileri de tükettikçe mutlu olmak, tüketmeyen insanın derinleşen mutsuzluk hissi, zengin olmanın tek hedef olması ve "sevilmek" için koşul sayılması. İyi bir telefon almak, iyi bir eve sahip olmak, iyi bir arabaya binmek... "Sahip olmak" üzerinden çizilen maddi amaçlar ve mutluluklar, gerçekten sorgulanmaya değer. Tüketmedikçe mutsuzlaşan, kendi anlamını kaybeden insanların, mutluluk benim belirlediğim bir şey mi, yoksa başkalarının benim yerime belirlediği bir şey mi, diye durup düşünmesi gerekiyor.

Öbür taraftan, son zamanlarda fark ettiğim, evlenmiş insanların bekâr insanlara "darısı başına" diyerek etrafındaki tüm bekârları evlendirmeye çalışması, mutluluğu istemeden de olsa söylemde tekdüzeleştiriyor. Yani evlenmemiş insanlar diğer yarısını bulamamış elma gibi eksik görülüp, "mutluluktan yoksun" olarak düşünülüyor. Tabii ki toplumda hiç kimse bunu böyle derin düşünerek ve art niyetli şekilde söylemiyor bir diğerine, ancak biraz üzerinde durursak, aslında bunların yine toplumdaki mutluluk paketlerine dair göstergeler olduğunu görebiliriz.

Mutluluk, her zaman toplumsal bir durum değil, hatta genelde bireysel bir anlam üzerine inşa ettiğimiz bir kavram. Mutsuz olmak için de aynısı geçerli. "Buna mı üzülüyorsun?" sorusuyla mutsuzluğu belli başlı konularda hissedilebilecek bir duygu olarak belirlemek, mutsuz olma hakkımızı da elimizden alıyor. Oysa başkasına küçük bir sebepmiş gibi görünebilecek konular yüzünden de mutsuz hissedebiliriz. "Saçmalama, üzülecek bir şey yok," diyenlerin anlayamadığı, bazen başkasının üzülecek bir şey bulamadığı yerde, bizim için üzülecek çok şeyin olabileceği gerçeğidir.

Mutluluğu ve mutsuzluğu toplumsal inanışlardan özgürleştirebilirsek, kendi mutluluğumuzu ve mutsuzluğumuzu net bir şekilde görebiliriz. Mutlu olmak kadar mutsuzluğun da hakkımız olduğunu hatırlamalı, kendimize sorular sorarak her ikisinin de gerçek anlamını bulmalıyız. O hâlde bugün, tam da şimdi, sorular sormaya, konuşmadıklarımızı konuşmaya başlamalıyız.